Angela Marmor

BROT & GEFÄHRTEN

Brote, Suppen, Aufstriche & Salate
Saisonale Rezepte fürs ganze Jahr

Angela Marmor

BROT & GEFÄHRTEN

Brote, Suppen, Aufstriche & Salate
Saisonale Rezepte fürs ganze Jahr

Bibliografische Information der Deutschen Nationalbibliothek

Die Deutsche Nationalbibliothek verzeichnet diese Publikation in der Deutschen Nationalbibliografie; detaillierte bibliografische Daten sind im Internet über http://dnb.dnb.de abrufbar.
ISBN 978-3-95587-782-8

Für uns, die Battenberg Gietl Verlag GmbH mit all ihren Imprint-Verlagen, ist Nachhaltigkeit ein wichtiger Teil unserer Unternehmensphilosophie. Daher achten wir bei allen unseren Produkten auf den Einsatz umweltschonender Ressourcen und Materialien.
Dieses Buch wurde auf FSC®-zertifiziertem Papier gedruckt. FSC (Forest Stewardship Council®) ist eine nicht staatliche, gemeinnützige Organisation, die sich für die verantwortungsvolle und ökologische Nutzung der Wälder unserer Erde einsetzt.

Unsere Partnerdruckerei kann zudem für den gesamten Herstellungsprozess nachfolgende Zertifikate vorweisen:
- Zertifizierung für FOGRA PSO
- Zertifizierungssystem FSC®
- Leitlinien zur klimaneutralen Produktion (Carbon Footprint)
- Zertifizierung EcoVadis (die Methodik besteht aus 21 Kriterien in den Bereichen Umwelt, Einhaltung menschlicher Rechte und Ethik)
- Zertifikat zum Energieverbrauch aus 100 % erneuerbaren Quellen
- Teilnahme am Projekt „Grünes Unternehmen" zum Schutz von Naturressourcen und der menschlichen Gesundheit

FOTOS: Angela Marmor, Titel: adobeStock · M.studio; Seite 10: adobeStock · peterschreiber.media; Seite 13: adobeStock · Printemps; Seite 14: adobeStock · Hans-Jörg Nisch; Seite 29: adobeStock · laplateresca; Seite 164: adobeStock · hellyf; Seite 192/193: adobeStock · Maria

ILLUSTRATIONEN: Annalena Arndt

1. Auflage 2021
ISBN 978-3-95587-782-8

www.battenberg-gietl.de

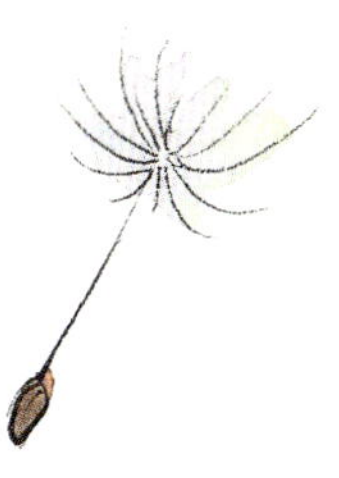

Für

ANJA UND FLORIAN

www.lustaufunkraut.de

VORWORT

Saisonal, regional, einfach – und köstlich!

In unserer Familie wurde schon immer viel gekocht und gebacken. Meine Großeltern bewirtschafteten einen kleinen Hof und haben sieben Kinder großgezogen. Die Auswahl an Lebensmitteln war eingeschränkt und mag aus unserer heutigen Sicht vielleicht einseitig erscheinen. Dennoch konnte man sich gesund und sättigend ernähren. Verwertet wurde alles, was die Natur hervorbrachte: Getreide, Kartoffeln, Rüben und Kraut vom Acker; Gemüse, Kräuter, Gewürze und Früchte aus dem Garten; Pilze, wilde Früchte und Wildkräuter aus Wald und Wiese. Ein paar Stallhasen, etliche Hühner sowie wenige Schweine und Kühe gab es auch. Das Brot kam, wie damals oft üblich, aus dem Dorfbackofen. So groß geworden, hatte meine Mutter die Gabe, aus wenigen, gerade vorhandenen Zutaten Schmackhaftes und Nahrhaftes zuzubereiten.

Heute bin ich dankbar, dass ich an ihrem großen Erfahrungsschatz teilhaben durfte. Die „Lücke" des Brotbackens begann ich ab 1998 zu schließen, nachdem die familiären kulinarischen Bedürfnisse in Sachen Brot an unserem neuen Wohnort (von wenigen Ausnahmen abgesehen) nicht gestillt werden konnten. Der traditionelle Holzbackofen fand alsbald im Garten seinen Platz und der Duft von frisch gebackenem Brot lockte Neugierige an den Zaun. Die ersten Brotbackkurse waren geboren, während ich parallel weiterexperimentierte, mich mit Gleichgesinnten austauschte und mit Begeisterung die Brotfeste im Rauris (Österreich) und in Erschmatt (Schweiz) besuchte. Mein Wissensdurst rund um gutes Brot führte mich 2015 eine knappe Woche lang auf die Kalchkendlalm (Rauris) der „Eigenbrötlerin" Roswitha Huber zu Lutz Geißlers Almkurs.

Wesentlichen Einfluss auf meinen Speiseplan nahm die Ausbildung zur Kräuterpädagogin 2008, nach welcher ich begann, mit bisher nicht verwendeten Wildkräutern und -gemüsen zu kochen und backen. So wuchs die kulinarische Vielfalt in der häuslichen Küche stetig heran: Bewährtes wurde mit Neuem kombiniert, Altes komplett überarbeitet und Anderes völlig neu geschaffen – im Zentrum das Brot, das inzwischen ausschließlich aus dem eigenen Ofen kam.

Ich liebe es bunt, frisch und abwechslungsreich – und der achtsame Umgang mit Lebensmitteln und der Natur, die sie hervorbringt, liegt mir am Herzen.

In diesem Buch trifft gutes Brot auf köstliche Gefährten – und heraus kommt purer Genuss!

Viel Freude beim Ausprobieren und gutes Gelingen wünscht

Angela

INHALT

SOMMER

HERBST

WINTER

BROT IST MEHR

Hat zu Ihnen schon einmal jemand gesagt, Sie seien „altbacken" oder gar behauptet mit Ihnen sei „nicht gut Kirschen essen"? Ihr „Brötchengeber" hat Sie „fallen lassen wie eine heiße Kartoffel" – aber Sie hatten „den Braten schon vorher gerochen"? Trotzdem hätten Sie ihm dafür am liebsten eins „auf die Rübe gegeben"? Man „beißt in den sauren Apfel", „trennt die Spreu vom Weizen", jemand ist „dumm wie Bohnenstroh" oder „eine taube Nuss" und bekommt trotzdem „Honig ums Maul geschmiert". Parallel dazu legt man für jemanden „die Hand ins Feuer", hat sich schon mal „die Finger verbrannt", eine „Feuertaufe überstanden" oder „Öl ins Feuer gegossen".
Die elementare Bedeutung von Nahrung und Feuer ist in unserer Sprache in Form von Redewendungen tief verankert. Auch im Brauchtum und bei allerlei Ritualen wird man fündig.

Bevor Brot in den Ofen kommt, ritzt man mit dem Messer ein Kreuz hinein. Diese Art Segen drückt den Respekt vor dem Grundnahrungsmittel Brot aus. Im Mittelalter wurden Lebensmittel, die man sich zu zweit teilte, auf ein Brett oder eine Brotscheibe gelegt. Heute heißt man in Mitteleuropa Neuankömmlinge noch immer mit Brot und Salz willkommen. Im wichtigsten Gebet der Christen, dem Vaterunser, heißt es: „Unser täglich' Brot gib uns heute."
Brot ist mehr.
Seit jeher spielt es für den Menschen eine entscheidende Rolle und ist deshalb Sinnbild für Nahrung, Leben und Wohlergehen von der Geburt bis zum Tod.

Brot ist sichtbar gewordenes Licht, welches durch das Feuer gegangen ist.

– Verfasser unbekannt –

WICHTIGES zu diesem Buch

Alle Rezepte, Ausführungen und Empfehlungen beruhen auf meinen Erfahrungen mit der Art und Weise, wie ich seit vielen Jahren koche und Brot backe, zu Hause und in meinen Kursen. Im Fokus habe ich insbesondere auch Menschen mit eingeschränktem Zeitbudget wie Berufstätige und FamilienmanagerInnen, die ich für das Brotbacken und Kochen begeistern möchte. Dazu muss der Aufwand, es zu tun, geringstmöglich und überschaubar sein und natürlich darf der Genuss nicht zu kurz kommen. In den Brotrezepten soll der Teig die meiste Arbeit in der Gare selbst erledigen. Dazu braucht er ausreichend Zeit. Deshalb ist zum schnelleren Überblick und für eine bessere Planung der jeweilige Zeithorizont für die Zubereitung angegeben. In den Zeitangaben für die Teigzubereitungen sind eventuelle Quell- oder Ruhezeiten inkludiert. Unter der Angabe „Zimmertemperatur" ist ein optimaler Wert von 23 °C zu verstehen. Ist es im Raum kühler, verlängern sich die Garezeiten. Bei Rezepten mit Sauerteig produzieren die Bakterien dann mehr Säuren (s. S. 21).
Bekanntlich fallen Meister nicht vom Himmel. So mag es auch hier gelegentlich zutreffen, dass das eine oder andere Rezept für Ungeübte zunächst aufwendig erscheint. Mit etwas Routine wird man feststellen: Das Ergebnis lohnt den Aufwand.
Findet man Gefallen an der Brotbäckerei oder wird gar vom Brotbackvirus infiziert, wird man sich ohne Scheu weiter mit der Materie auseinandersetzen und auf den Genuss von selbst gebackenem Brot schon bald nicht mehr verzichten wollen.
Nicht fehlen dürfen die Erklärungen für die verwendeten Fachbegriffe und bestimmte Arbeitsschritte. Sie sind zusammen mit meinen Tipps für ein perfektes Gelingen Teil dieses Buches.

Für alle Köstlichkeiten gilt: „Jede Speise kann nur so gut sein wie die schlechteste ihrer Zutaten".
Schon beim Einkauf legt man den Grundstein für den späteren Genuss. Deshalb lohnt es, sich dafür die nötige Zeit zu nehmen. Wer den Luxus eines eigenen Gartens besitzt, kann viele Zutaten gleich selbst anbauen. Mehr „BIO" geht nicht. Das tut nicht nur uns gut, sondern auch unserer Umwelt.

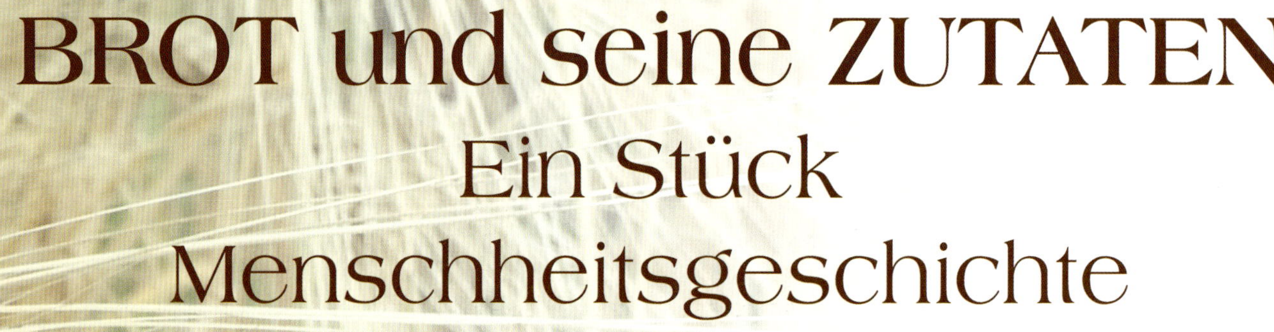

BROT und seine ZUTATEN
Ein Stück Menschheitsgeschichte

Vor rund 10.000 Jahren begann der Mensch Wildgräser zu kultivieren, aus denen mit der Zeit die heutigen Getreidearten entstanden. Als die Wiege für Anbau und Züchtung von Weizen und Roggen gilt die Region des „Fruchtbaren Halbmondes" im Vorderen Orient. Getreide wurde mit der Zeit zur sicheren Nahrungsgrundlage und schuf die Voraussetzungen, dass der Mensch sesshaft werden konnte.
Vom roh nahezu unverdaulichen Getreidekorn bis zum bekömmlichen, lockeren Brot war es jedoch noch ein langer Weg, der mit dem Mahlen von Getreide mit Reibesteinen begann. Für 2 kg Mehl brauchte man auf diese Weise ca. 7–8 Stunden. Verzehrt wurde das Mehl in Form von Getreidebrei und daraus in der Glut oder auf erhitzten Steinen gebackenen Fladen. In manchen Regionen der Welt ist das heute noch üblich. Erst als Sauerteig und Hefen stehengelassenen Teig zum Gären brachten, konnte gesäuertes Brot hergestellt werden. In den folgenden Jahrtausenden entwickelte sich Getreide und das daraus hergestellte Brot immer mehr zum Grundnahrungsmittel und war bis weit in das 19. Jahrhundert Hauptnahrung breiter Bevölkerungsschichten.

Bei den Zutaten für Brot hat sich seit der Steinzeit bis heute nicht viel geändert: Mehl, Wasser und Salz ergeben den Teig.
Über die Jahrtausende ebenfalls weitgehend gleichgeblieben ist die Abfolge der Arbeitsschritte des Brotbackens:
Mischen und Kneten – dann Teilen, Formen und Backen, dazwischen Phasen der Teigruhe (= Gare)

Quelle: Museum der Brotkultur Ulm (jetzt Museum Brot und Kunst)

VERWENDETE GETREIDEARTEN UND GÄNGIGE MEHLTYPEN

ROGGEN

gedeiht auch unter klimatisch weniger günstigen Bedingungen und bis in höhere Lagen.
Die Wuchshöhe kann bis 2 m betragen.
Roggen findet hauptsächlich als Brotgetreide Verwendung und war lange Zeit das Hauptbrotgetreide in Ost- und Mitteleuropa, weshalb es viele regionale Sorten gab.
Teige mit Roggenmehl werden mit Sauerteig geführt.
Mehltypen: Type 997, Vollkornmehl

WEIZEN (WEICHWEIZEN, SAATWEIZEN)

ist die weltweit am häufigsten angebaute und züchterisch am meisten bearbeitete Getreideart.
Bezüglich Anbau und Klima ist der Weizen anspruchsvoll.
Mehr als die Hälfte der Weltproduktion wird als Tierfutter verwendet.
Er ist Hauptgetreide für Brot, Brei sowie Teigwaren, dient u. a. der Malzerzeugung und Stärkegewinnung und ist Zutat für viele Produkte der Nahrungsmittelindustrie.
Für die Nudelproduktion wird meist Durumweizen (= Hartweizen) verwendet.
Mehltypen: Type 405, Type 550, Type 1050, Vollkornmehl

ZUR GATTUNG WEIZEN GEHÖREN AUCH DIE URGETREIDE DINKEL, EMMER, EINKORN UND ROTKORNWEIZEN

Bis auf den Rotkornweizen sind diese Urformen sogenannte Spelzgetreide.
Die Körner sind im Gegensatz zum herkömmlichen Weizen fest mit Spelzen verwachsen, die das Korn schützen.
Nach dem Dreschen bedarf es deswegen eines zusätzlichen Arbeitsganges.

DINKEL (SCHWABENKORN, SPELZ)

ist im Anbau anspruchsloser als Weizen, jedoch auch weniger ertragreich.
Dinkel ist proteinreicher als Weizen und enthält ebenso das Getreideeiweiß Gluten.
Nicht ausgereifter, gedarrter Dinkel ist als Grünkern im Handel (z. B. für Getreidebratlinge).
Dinkelmehl ist besonders verträglich und dient der Herstellung von Brot, Brei und Teigwaren insbesondere in der Vollwerternährung.
Dinkelteige werden anders als Weizenteige geführt.
Mehltypen: Type 630, Type 1050, Vollkornmehl

EINKORN UND EMMER

Im Vergleich zum modernen Weizen verfügen sie über eher schwache bzw. andere Klebereigenschaften.
Mit der richtigen Teigführung und angepassten Rezepturen, z. B. in Verbindung mit Dinkelmehl lassen sich dennoch köstlich-würzige Brote aus diesem Urgetreide backen.
Mehltypen: Vollkornmehl

ROTKORNWEIZEN (PURPURWEIZEN)

ist eine Ursorte vom Weizen. Die Körner sind rot gefärbt und enthalten Anthocyane, die als Radikalfänger gelten und den Teig leicht rötlich einfärben.
Der Geschmack ist nussig-würzig. Er passt gut in Brote und Kleingebäck mit Dinkel und Weizenmehl und harmoniert auch mit Roggen.
Als ganzes Korn im Handel, man muss ihn selbst frisch mahlen.

HAFER

trägt seine Körner in einer Rispe. Er hat relativ geringe Ansprüche an den Boden und bevorzugt eher hohe Niederschläge.
Die Körner sind wie beim Dinkel fest mit der umgebenden Spelze verwachsen und müssen in einem zusätzlichen Arbeitsgang davon getrennt werden.
Hafer ist Tierfutter, wertvolles Nahrungsmittel (Haferflocken, Hafermilch, Müslimischungen) und findet Anwendung in der Naturheilkunde.
Er ist nur bedingt zum Brotbacken verwendbar (maximal ca. 25 % Anteil vom verwendeten Mehl).
Mehltypen: Vollkornmehl, Flocken

Quellen Getreidearten: www.pflanzen-vielfalt.net bzw. www.initiative-urgetreide.de/urgetreide-sorten/

AUCH DIE FOLGENDEN ZUTATEN SIND WICHTIG FÜR GELINGEN UND QUALITÄT EINES GUTEN BROTES.

SALZ

Wenn etwas das Salz in der Suppe ist, dann ist es von enormer Wichtigkeit.
Wie in der Suppe darf es auch im Brot nicht fehlen.
Deshalb darf man es als Zutat im Brotteig keinesfalls vergessen.
Dazu probiert man den Brotteig am besten noch vor der Teiggare. Später wäre ein solches Manko nur noch schwer zu beheben.
Die Salzzugabe beträgt ca. 2 % bezogen auf die Gesamtmehlmenge im Teig. Hierbei ist auch

der Mehlanteil im Sauerteig mit einzurechnen. Salz ist wesentlich für den Geschmack und stabilisiert den Teig.
Zur Auswahl stehen Meersalz und Steinsalz. Ich bevorzuge unbehandeltes, nicht raffiniertes Steinsalz aus deutschem Bergbau, das noch alle Spurenelemente enthält und frei von Umwelteinflüssen ist.

WASSER

Wasser setzt die Vorgänge im Brotteig in Gang. Ob Wasser kalt, warm oder heiß zugegeben wird, ist im Rezept jeweils angegeben. Mit „handwarm" ist eine Wassertemperatur von ca. 40 °C gemeint, heiß bedeutet 90–100 °C.
In der Regel ist Leitungswasser von guter Qualität und verwendbar. Im Idealfall sollte natürlich auch das Wasser für den Brotteig unbehandelt sein. D. h. es sollte chlorfrei und nicht durch eine Entkalkungsanlage, die mit Salzen arbeitet, geflossen sein.
Wasser ist im Brotteig auch durch andere Flüssigkeiten (z. B. Buttermilch, Joghurt) ersetzbar. Die Rezeptur ist dann jedoch entsprechend anzupassen.

GEWÜRZE

Nicht jeder mag Fenchel, Anis, Kümmel und Koriander, Brotklee oder Kräuter im Brot. Brotgewürze sind eine optionale Zutat nach dem persönlichen Geschmack des Genießers. Fenchel, Anis und Kümmel sind auch kleine Verdauungshelfer, die frisches Brot bekömmlicher machen.

KÖRNER, SAATEN UND FLOCKEN

Ganze Getreidekörner müssen vor der Zugabe in ein Brot gekocht werden.
Saaten bzw. Kerne wie Kürbiskerne, Sonnenblumenkerne, Leinsamen, Sesam etc. weicht man zum Quellen am besten über Nacht in kaltem Wasser ein.
Ebenso verfährt man mit Nüssen, Getreideflocken oder -kleie.
Als Zutaten würden sie andernfalls dem Teig unnötig Feuchtigkeit entziehen und das Brot trocken machen.
Ob und wie stark verwendete Dörrfrüchte (z. B. für Früchtebrot) eingeweicht werden, hängt vom jeweiligen Rezept ab.

HEFE UND SAUERTEIG

In den Brotrezepten wird mit geringen Mengen Frischhefe und/oder Sauerteig gearbeitet. Beide sind die natürlichen Triebmittel für den Teig. Der Sauerteig ist je nach Methode (Verlängerung oder Herstellung) ein bis drei Tage vor dem Hauptteig vorzubereiten.
Trockenhefe verwende ich grundsätzlich nicht.

BACKMALZ

Aktives Backmalz unterstützt die Hefe bei ihrer Arbeit, macht die Krume lockerer und die Kruste rescher. Inaktives Backmalz findet als Aromazugabe Verwendung oder dient dem Einfärben von Brot und anderem Kleingebäck. Backt man selbst, ist es eine optionale Zutat in geringen Mengen. Man kann es sehr gut ersetzen durch Honig (aktiv) oder Malz- bzw. Getreidekaffee (inaktiv).

BROTTEIG
gedehnt und gefaltet

Der Alltag ist in den letzten Jahrzehnten technischer und lauter geworden.
Nicht nur in der Arbeitswelt, sondern auch für viele Tätigkeiten im Haushalt, die man früher von Hand erledigte, gibt es längst praktische Maschinen, welche Zeit sparen und die Arbeit erleichtern.

Eine oft vorhandene Küchenmaschine verfügt zur Herstellung von Brotteigen meist nicht über die nötige Leistung. Die Anschaffung einer geeigneten Knetmaschine will wohl überlegt sein, vor allem wenn man (noch) nicht regelmäßig Brot backt. Nicht nur, dass man dafür tief in die Geldbörse greifen müsste, sie benötigt Platz, verbraucht Energie und erzeugt bei der Teigbearbeitung Lärm.

Über Jahrtausende wurde Brotteig von Hand zubereitet.
Dies ist nicht zwingend eine anstrengende, schweißtreibende und zeitaufwendige Tätigkeit. Auf die richtige Technik und das Wissen rund um die Teigzubereitung kommt es an, dann wird man eine Knetmaschine nicht vermissen und feststellen, dass Brot backen entspannend sein kann.

BROTTEIGMEDITATION

Die Zeit mit dem Brotteig nutze ich für Gedanken. Gedanken, für die ich anderweitig oft keine Zeit habe sie zu denken oder Überlegungen, die allerlei Dinge im Leben betreffen, wie z. B. was schenke ich meiner Tochter zum Geburtstag, welches Gemüse baue ich heuer noch im Garten an, oder was kommt diese Woche auf den Speisezettel?
Es sind die positiven Dinge, die man dabei bewegen sollte. So wird das Brot auch gelingen. Brotteigmeditation nenne ich das und fühle mich dabei entschleunigt.

MIT HAND UND ZEIT ZUM PERFEKTEN BROTTEIG

Die optimale Zubereitungsweise (Teigführung) für einen Brotteig ergibt sich aus den verwendeten Mehlarten und -typen und der Teigkonsistenz. Feste Teige werden anders geführt als weiche. Die Teigbearbeitung von Hand ist bei weichen bis mittelfesten Teigen in der Regel mit weniger Anstrengung verbunden. Von wesentlicher Bedeutung ist der Faktor Zeit. Ein großer Teil der Knetarbeit lässt sich durch lange Stock- und Stückgare ersetzen. Die Aromabildung wird maßgeblich gefördert.
Brot mit einer langsamen Teiggare ist qualitativ hochwertiger und bekömmlicher.
Der gesundheitliche Wert steigt mit dem Abbau von FODMAPs und Phytaten. Schon nach vier Stunden Gehzeit ist im Teig nicht mehr viel davon übrig.

Quelle: Studie der Universität Hohenheim
www.uni-hohenheim.de/pressemitteilung?tx_ttnews%5Btt_news%5D=33167

FODMAPs (fermentierbare Oligo-, Di- und Monosaccharide sowie Polyole). Das sind Zucker, die aus 1–14 Zuckermolekülen bestehen und im Dünndarm nicht ausreichend abgebaut werden können. Daher gelangen sie unverdaut in den Dickdarm und können dort Probleme verursachen. Vor allem bestimmte Mehlbestandteile (Fructane) sorgen dafür, dass sich große Mengen Wasserstoff, Kohlendioxid und Methan bilden. Die Gase blähen den Darm auf und bereiten große Schmerzen.

www.uni-hohenheim.de/pressemitteilung?tx_ttnews%5Btt_news%5D=33167

Phytat bzw. Phytinsäure dient in Pflanzen als Speicher für Phosphat, das sie u. a. für die Photosynthese benötigen. Für Pflanzen ist Phytat somit essenziell.
Beim Menschen führt der Verzehr von phytatreichen Nahrungsmitteln – wie Getreideprodukten und Hülsenfrüchten – hingegen dazu, dass viele der in den Nahrungsmitteln enthaltenen Mineralien nicht aufgenommen werden können, da sie durch das Phytat gebunden werden. Bei monotoner Ernährung mit Grundnahrungspflanzen kann es daher zu Mikronährstoffmangelerscheinungen kommen.

www.pflanzenforschung.de/de/pflanzenwissen/lexikon-a-z/phytat-908

ROGGEN- UND MISCHBROTE MIT ÜBERWIEGENDEM ROGGENMEHLANTEIL – VOLLKORNBROTE MIT EINEM HOHEN ANTEIL AN GANZEN KÖRNERN

Roggenbrote führe ich grundsätzlich mit Sauerteig und sehr wenig oder ganz ohne Hefe.
Im Gegensatz zu Weizen kann Roggen kein Klebergerüst aufbauen, weshalb Roggenbrote eine andere Teigbeschaffenheit aufweisen.
Der Teig wird deshalb nur so lange bearbeitet und bei Bedarf (festerer Teig) geknetet, bis alle Zutaten gut und gleichmäßig miteinander vermischt sind.
Am Ende der Stockgare formt man den Laib durch sanftes Kneten.
Die Gärgase sollen weitgehend erhalten bleiben.
Bei einem weichen bis mittelfesten Teig ist für die Stückgare ein Gärkorb erforderlich oder die Gare erfolgt direkt in der Backform. Der Teigling würde andernfalls auseinanderlaufen.
Bei einem festen Teig kann der geformte Laib zum Gehen auch frei, z. B. auf einem Brett, liegen.

WEIZEN- UND DINKELBROTE – BROTE MIT URGETREIDEANTEIL (EINKORN, EMMER)

Aus Weizen und Dinkel lassen sich sehr gut Brote mit traumhaft weicher Krume herstellen.
Die Teige sind hauptsächlich hefegeführt.
Die Zugabe von Sauerteig fördert im Zusammenhang mit langen Teiggaren nicht nur das Aroma, sondern auch die Frischhaltung. Solches Brot schmeckt auch noch nach mehreren Tagen richtig gut.
Das erforderliche Klebergerüst erhält der Teig bei diesen Rezepten nicht durch langes Kneten, sondern durch Dehnen und Falten.
Der Teig wird elastisch, die Gärblasen können sich gut entwickeln und die Aktivitäten der Hefen werden durch die wiederholte Sauerstoffzufuhr optimal unterstützt.
Damit der Teig so richtig fluffig aufgehen kann, wird dieser Vorgang innerhalb der ersten Stunde der Teigführung 2- bis 3-mal wiederholt. Bei Teigen mit sehr langer Stockgare macht die Wiederholung dieses Vorgangs in mehr oder weniger großen Abständen den Teig noch lockerer, ist jedoch nicht zwingend erforderlich.

„Dehnen und Falten“ von Teig – so funktioniert’s

1 Die Finger mit etwas kaltem Wasser benetzen. Der Teig soll nicht an den Fingern kleben bleiben.

2 Teig am Rand vom Schüsselboden aus mit den Fingerspitzen aufnehmen und langsam hochziehen (= dehnen). Der Teig darf dabei nicht abreißen (a).

3 Nun das Ende über die Teigmitte schlagen (= falten) und leicht andrücken. Die Schüssel ein kleines Stück weiterdrehen, im Weiteren immer in dieselbe Richtung (b).

4 Die Finger ggf. erneut befeuchten, den Teigrand daneben fassen, langsam hochziehen (c).

5 Wieder über die Mitte schlagen und leicht andrücken. Schüssel weiterdrehen (d).

6 Auf dieselbe Weise weiter verfahren, bis der Teig rundum einmal gedehnt und gefaltet ist (siehe weitere Bilder e – j).

7 Der Teig ist nun deutlich gestrafft.
Bei einem weichen Teig lässt man gleich noch eine zweite Runde auf dieselbe Weise folgen.
Wenn der Teig fester ist, lässt sich der Teiglappen beim Falten durch Zusammendrücken mit dem Teigstück leichter fixieren (i).

8 Am Ende das Teigstück umdrehen, abdecken und ruhen lassen (k – l).

SAUERTEIG
ist mehr

Sauerteig ist wie ein Haustier: Man muss ihn regelmäßig füttern. Bei guter Pflege kann er richtig alt werden, seinen Menschen sogar ein Leben lang begleiten.
Mit seinem Eigenleben sorgt er bei seinem Besitzer manchmal auch für Überraschungen.
Er ist lebendig!

Sauerteig ist eine Lebensgemeinschaft aus Milchsäurebakterien und Hefepilzen. Deren Stoffwechselprodukte sorgen für Lockerung, Geschmack und „die besondere Note" im Brotteig.
Jeder natürlich geführte Sauerteig ist anders. Keine Zubereitung mit ihm gleicht exakt der anderen.
Er ist einzigartig!

Sauerteig ist ein unkomplizierter Mitbewohner im Haushalt. Kennt man seine Bedürfnisse und hat gelernt, mit ihm umzugehen, fällt er einem nicht zur Last. Man darf ihn nur nicht vergessen. Selbst aus einem dornröschengleichen Tiefschlaf lässt er sich (meist) wieder zum Leben erwecken. Geduldig wartet er auf den „Kuss" seiner Bäckerin/seines Bäckers.
Er ist pflegeleicht!

Sauerteig ist ein Reisebegleiter. Wer gerne verreist und auf selbst gebackenes Brot auch unterwegs nicht verzichten will, kann diesen Kumpel einfach mitnehmen. Was seine Ansprüche anbelangt – kein Problem.
Er ist genügsam!

Wie sonst wäre Sauerteig auch Jahrtausende nach seiner Entdeckung noch eine der wichtigsten Zutaten zum Brotbacken, die über den ganzen Globus bekannt ist.

Wozu Sauerteig im Brot?

Die Bakterien und Hefen im Sauerteig „zerlegen" das Mehl und erzeugen durch fermentative Prozesse und alkoholische Gärung Milchsäuren, Essigsäuren, Gase und u. a. aromabildende Stoffe.
Mit Sauerteig gebackenes Brot ist

- aromatisch
- besser verdaulich
- weniger anfällig für Schimmelbildung
- und bleibt länger frisch.

Der „Wellnessbereich" für Sauerteig liegt zwischen 20 und 35 °C. Dabei haben die einzelnen „Bewohner" individuelle Vorlieben.

Mit der Sauerteigführung bei Temperaturen zwischen 23 und 27 °C sind nach meinen Erfahrungen wirklich gute Ergebnisse zu erzielen. Je wärmer er es hat, umso milder wird er.
Ist es in der Wohnung gerade kühler, kann man ihm auch mal in einer Kiste, zugedeckt zwischen zwei Wärmflaschen, auf die Sprünge helfen oder im Sommer einen schattigen Platz auf Balkon oder Terrasse gönnen. Im Winter hilft die Nähe einer Heizquelle bei der Gärung.

Sauerteig leicht gemacht

Am einfachsten und schnellsten bereitet man Sauerteig zu, wenn man über Anstellgut, also fertig vergorenen Sauerteig, verfügt. Das hat man vielleicht schon, weil man bereits öfter Brot backt oder bekommt es von einem Hobbybäcker, einer Bäckerei oder einer Sauerteigbörse (www.sauerteigboerse.de).
In diesem Fall muss man das Anstellgut nur noch verlängern. Das ist meine bevorzugte Methode zur Sauerteigherstellung.

WOHLFÜHL-TEMPERATUREN FÜR DIE BEWOHNER DER „SAUERTEIG-WG"

Temp. °C	20	21	22	23	24	25	26	27	28	29	30	31	32	33	34	35

grün = für daheim praktikable Bedingungen
orange = homofermentative Bakterien (Milchsäure)
blau = heterofermentative Bakterien (Essigsäure)
gelb = Hefen

Man braucht dazu ein metallfreies Gefäß mit Deckel, das im Volumen mindestens doppelt so viel Fassungsvermögen hat wie der Sauerteig in der Summe seiner Zutaten füllen wird (ideal sind z. B. Sturzgläser mit Volumen von 500 ml, die sonst zum Einkochen Verwendung finden). Nur so hat er ausreichend Platz, sich auszudehnen, ohne den Küchentisch zu fluten.
Bei aktivem Anstellgut, das nicht älter als eine Woche ist, sollte sich der Sauerteig binnen 12–24 Stunden gut entwickeln und sein Volumen mindestens verdoppelt haben. Der Sauerteig ist aktiv, triebstark und wird im Rezept verbacken.
Über viele Jahre verlängerter Sauerteig verfügt über eine gute Stabilität und ist relativ unempfindlich gegenüber anderen Mikroorganismen, die einen jungen Sauerteig noch zum Umkippen bringen können.

Sauerteigaufbewahrung
Vermutlich vergehen mehrere Tage oder noch längere Zeit bis zum nächsten Brotbacken. Dafür benötigt man erneut Sauerteig, den man idealerweise wieder mit Anstellgut herstellt.
Damit mir dieses nie ausgeht, habe ich immer ein Glas mit fertigem Sauerteig im Kühlschrank stehen. Dort kommt er hin, wenn er nach 1–3 Tagen im Glas zusammengefallen ist. Innerhalb einer Woche kann man ihn noch gut verwenden, danach verliert er an Triebkraft. Dann startet man die Verlängerung neu. Altes Anstellgut entsorgt man – sofern vorhanden – am besten am Komposthaufen. In einen Eimer Wasser eingerührt trägt es dort noch positiv zum Bodenleben bei.

BASISREZEPT

ROGGENSAUERTEIG MIT VORHANDENEM ANSTELLGUT = Sauerteig-Verlängerung

115 g **WASSER**
(handwarm, ca. 40 °C)
5–10 g **ANSTELLGUT** vom **ROGGENSAUERTEIG** (ca. 1 TL)
95 g **ROGGENVOLLKORNMEHL**

» Auf dieselbe Weise stelle ich auch mit Weizen- oder Dinkelmehl Sauerteig her. Das funktioniert auch mit Anstellgut von Roggensauerteig. Verwende ich dazu kein Vollkornmehl, sondern die Typen 550 oder 630, kehre ich die Zutatenmenge von Wasser und Mehl um, da der Sauerteig sonst zu flüssig würde.

1 Wasser in das Glas füllen und aktives Anstellgut darin gut auflösen.

2 Das Mehl dazugeben, zu einer gleichmäßigen Masse anrühren.

3 Den Deckel auflegen (nicht fest verschließen!) und das Glas dann an einen warmen Platz stellen. Die Temperatur sollte mindestens 23 °C betragen.

4 Mit sehr aktivem Anstellgut verdoppelt der Sauerteig sein Volumen innerhalb weniger Stunden. War das Anstellgut (als fertiger Sauerteig) eine Woche im Kühlschrank, dauert es ca. 24 Stunden.
Länger gelagerter Sauerteig muss ggf. erst mehrfach aufgefrischt werden, bevor er wieder Triebkraft erlangt.
Wird der Sauerteig lediglich als Aromazugabe verwendet, ist er noch einsetzbar.

ROGGENSAUERTEIG OHNE ANSTELLGUT = Sauerteig-Herstellung

Die Herstellung von Sauerteig ohne Anstellgut erfordert mindestens drei auf mehrere Tage verteilte Stufen.
Ein paar Gramm Mehl und Wasser hin oder her – im Prinzip funktioniert es immer auf dieselbe Weise.
Alle Schritte werden in demselben Gefäß mit Deckel (nur auflegen) durchgeführt.
Die ideale Temperatur liegt bei 28–30 °C.

STUFE 1

50 g **ROGGENVOLLKORNMEHL**
60 g **WASSER** (40 °C)

Mehl und Wasser mischen und ca. 24–36 Stunden zugedeckt stehen lassen. Erste Bläschen bilden sich, das Volumen bleibt nahezu gleich.

STUFE 2

110 g **ANSATZ AUS STUFE 1**
50 g **ROGGENVOLLKORNMEHL**
50 g **WASSER** (40 °C)

Wieder alles kräftig mischen, zugedeckt 12–24 Stunden reifen lassen, bis sich das Volumen in etwa verdoppelt hat.

STUFE 3

210 g **ANSATZ AUS STUFE 2**
50 g **ROGGENVOLLKORNMEHL**
50 g **WASSER** (40 °C)

Erneut alles kräftig vermischen und zugedeckt jetzt nochmals bis zur Volumenverdopplung reifen lassen. Das kann jetzt auch schon innerhalb von 12 Stunden der Fall sein.

Nun sollte der Sauerteig von Gärblasen durchzogen sein und angenehm säuerlich riechen.
Im Zweifel lieber die 3. Stufe noch weitere Male wiederholen.
Ist der Sauerteig gelungen, wird die Menge nicht mehr durch weiteres Anfüttern erhöht.
Ab diesem Moment kann man mit dem Sauerteig genauso wie mit dem Anstellgut verfahren, d. h. ca. 1 TL davon mit Wasser und Mehl nach Anleitung in einem neuen Glas ansetzen.
Nach abgeschlossenem Gärprozess lagert Sauerteig am besten im Kühlschrank.

Eine sehr ausführliche Beschreibung findet man im Plötzblog von Lutz Geißler.

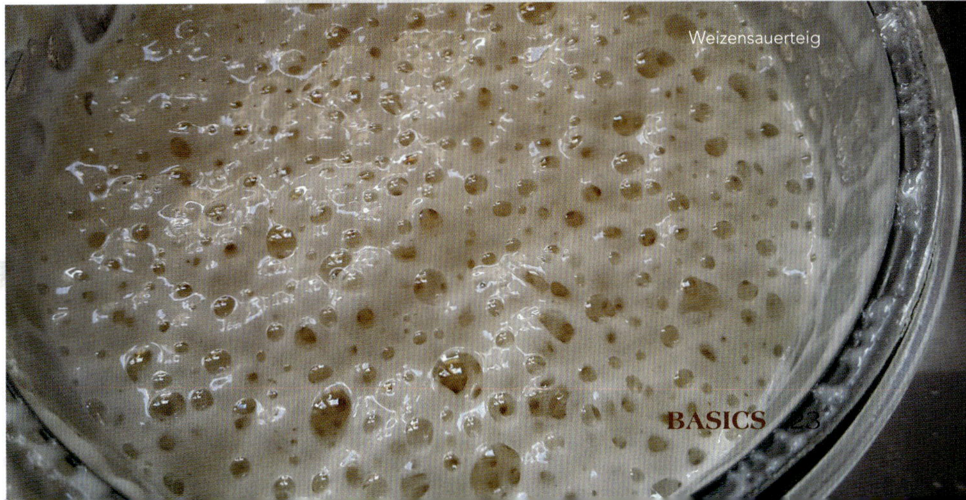

Weizensauerteig

BROTVERWERTUNG

Tonnenweise werden in Deutschland jedes Jahr Lebensmittel weggeworfen, von denen noch ein Großteil genießbar gewesen wäre. Brot belegt dabei gleich nach Obst und Gemüse eine Spitzenposition.
Früher galt es als „Brotfrevel", wenn jemand Brot wegwarf. Teils standen darauf sogar drakonische Strafen. Den Menschen in vergangenen Jahrhunderten und Jahrtausenden wäre das auch eher nicht in den Sinn gekommen, denn die Nahrung war knapp und oft genug kämpften sie mit dem Hunger.
Alles Essbare und Nahrhafte wurde klug verwertet.
Aktuell ist in den Wohlstandsgesellschaften die Wertschätzung für Brot oder Lebensmittel überhaupt drastisch gesunken. Wer in Sachen Ernährung nachhaltig leben möchte und Lebensmittelverschwendung vermeiden will, kann einiges aus alten Kochbüchern lernen oder vielleicht sogar noch die Großeltern fragen.
Gutes, qualitativ hochwertiges Brot kann man sehr gut für andere Speisen verwerten. Ganz besonders sollte einem dies bei selbst gebackenem Brot am Herzen liegen, in das man bei der Zubereitung ja schon einige Zeit investiert hat.

Quelle:
www.brotexperte.de/brotmarkt/lebensmittelverschwendung-bei-brot/

» Einige dieser Rezepte zur Brotverwertung finden Sie auf den nachfolgenden Seiten.

WELCHE MÖGLICHKEITEN GIBT ES?

1. Wenn man merkt, dass man das vorhandene Brot nicht mehr verzehren kann, könnte man es vielleicht noch relativ frisch einfrieren.
2. Ist dies nicht möglich oder hat man es übersehen, schneidet man das alternde Brot in dünne Scheiben oder Würfel.
   Aus den Würfeln kann man Croutons herstellen, die zu Salaten oder als Suppeneinlage Verwendung finden.
   Die Scheiben auf ein Blech ausbreiten und trocknen lassen. Die nächsten Semmelknödel oder -nocken sind gesichert.
3. Ein Semmelschmarrn, Arme Ritter, Scheiterhaufen oder Brotauflauf sind die nächsten möglichen Optionen.
4. Was immer geht:
   Brotsuppe oder Semmelkren.
5. Noch immer nicht alles weg? Dann reibt man harte Brotreste zu Semmelbröseln. Wer selber viel kocht, braucht sie immer wieder: als Panade, für Markklößchen, zu Fleischpflanzerl oder Getreidebratlingen, als Topping für Blumenkohl oder Desserts und noch mehr.
6. Wenig bekannt ist, dass man Semmelbrösel aus Brotresten auch als Brühstück wieder zum Brotbacken verwenden kann. Das sollte nicht mehr als 10 % vom Mehlanteil ausmachen und ist sogar den Bäckern erlaubt.
7. Wer Tiere hat, gönnt auch diesen vielleicht ab und zu etwas von den feinen Resten. Pferde, Hasen, Hühner (für diese eingeweicht) fressen es gerne.
8. Wer jetzt noch immer übriges Brot hat, muss definitiv weniger davon backen oder einkaufen.

BROTSUPPE

Die Urmutter aller Suppen ist schon länger in Vergessenheit geraten.
Mit reichlich Brot ist sie sättigend, schmeckt und ist blitzschnell gemacht.
Aber das Brot muss gut sein, dann bleibt es in der Suppe ganz und löst sich nicht zu Brei auf.
Mit selbst gebackenem Brot ist das kein Thema.

ZUTATEN FÜR 1 PORTION

ca. 150 – 200 g **ALTBROT** (je nach Appetit)

500 ml **FLEISCH-** oder **GEMÜSEBRÜHE**

KÜMMEL, PFEFFER, SALZ

etwas **SCHNITTLAUCH** oder **PETERSILIE**

TIPP
Ein paar Wiener oder eine Knackwurst (separat im Wasserbad erwärmt) machen die Suppe noch gehaltvoller.

ZEITHORIZONT FÜR DIE ZUBEREITUNG

ca. 15 Minuten

1 Brot in mundgerechte Stücke schneiden und in Teller oder Schale geben.

2 Mit kochender Brühe übergießen.

3 Würzen und abschmecken.

4 Schnittlauch in Röllchen schneiden – alternativ Petersilie hacken – und darüberstreuen.

SEMMELKREN

Meerrettich, Kren oder auch Bauernsenf ist scharf und nicht jedermanns Sache.
Er ist wie Rucola und Radieschen ein Kreuzblütengewächs und eine äußerst robuste Pflanze, die ursprünglich aus Südosteuropa stammt. Die Wurzel der Meerrettichpflanze wird als Gemüse, Gewürz oder in der Pflanzenheilkunde verwendet. Meerrettich und Senf waren die einzigen scharfen Gewürze in der deutschen Küche, bevor man sich Pfeffer leisten konnte. Dementsprechend wurden sie vielfach verwendet.

TIPP
Zu dieser Variante der Brotverwertung würde auch eine Weißwurst (separat im Wasserbad erwärmt) gut passen.

ZUTATEN FÜR 1 PORTION

ca. 150–200 g **ALTES WEISSBROT** (je nach Appetit)
25 g **KREN** (MEERRETTICH)
1 KLEINE **MÖHRE**
500 ml **FLEISCH-** oder **GEMÜSEBRÜHE**
1 EL **SCHMAND**
1 TL **MILCH**
etwas **SCHNITTLAUCH** oder **PETERSILIE**
KÜMMEL, PFEFFER, SALZ

EQUIPMENT

FEINE REIBE

ZEITHORIZONT FÜR DIE ZUBEREITUNG

ca. 15 Minuten

1 Brot in mundgerechte Stücke schneiden und in Teller oder Schale geben.

2 Kren und Möhre reiben, Schnittlauch in Röllchen schneiden.

3 Semmeln mit kochender Brühe übergießen.

4 Schmand mit Milch, etwas Salz und Pfeffer anrühren und darübergeben.

5 Mit geriebenem Gemüse und Schnittlauchröllchen bestreuen.

6 Mit Kümmel, Salz und Pfeffer würzen.

BROTCHIPS

… kann man für teures Geld kaufen oder mit Brotresten ganz einfach selber machen und diese so optimal verwerten. Dazu darf das Brot weder frisch noch steinhart sein. Mit einem scharfen Brotmesser (grober Wellenschliff) schneidet man die Brotreste in hauchdünne Scheiben.

ZUTATEN

Beliebige **BROTRESTE**

Als mögliche Würze:

KRÄUTERSALZ / ROSMARINSALZ

CHILISALZ

PFEFFERSALZ

(z. B. mit Zitronenpfeffer)

FLEUR DE SEL

EQUIPMENT

SPRÜHER

ZEITHORIZONT FÜR DIE ZUBEREITUNG

Die Zeit für das Aufschneiden richtet sich nach der zu verarbeitenden Menge.
Trocknen: 30 – 60 Min.
bei 100 °C (ideal mit Umluftfunktion)
Der Backofen braucht nicht vorgeheizt zu werden.

1 Brot in dünne Scheiben schneiden.

2 Auf mit Backpapier belegtem Blech ausbreiten.

3 Leicht mit Wasser einsprühen.

4 Gewünschte Würze darüber streuen.

5 Im Backofen trocknen, bis sich die Brotscheiben werfen und wie Chips krachtrocken sind.
Will man die Chips nicht sofort verschnabulieren, lässt man die Schritte 3 und 4 weg. Man trocknet sie also nur. Vor dem Verzehr kann man sie dann quasi frisch aufbacken und würzen.
Dazu passen allerlei Soßen und Dips.

TIPP

Zur Aufbewahrung von gesalzenen Chips sind Blechdosen nicht geeignet. Durch das Salz können die Dosen rosten.

KRÄUTERSALZ

Kräuter- und Würzsalz für die Küche lässt sich mit heimischen Garten- und Wildkräutern auf einfache Weise selbst herstellen. Wer einen Garten hat, entsorgt oft unwissentlich wertvolles Grün auf dem Kompost oder zur Grüngutsammelstelle. Wer sich auskennt, kann die vermeintlichen Unkräuter sammeln, trocknen und für aromatische Salzmischungen verwenden. Brennnesselkraut und -samen, Giersch, Vogelmiere und wilder Oregano sind dafür gut geeignet. Auch Blüten z. B. von Rose, Ringelblume oder Sonnenblume können verwendet werden. Kräuter mit vielen Gerb- bzw. Bitterstoffen wie Löwenzahn, Schafgarbe oder Beifuß setzt man dagegen eher sparsam ein. Ein Zuviel davon kann eine Speise ungenießbar machen. Gartenkräuter wie Salbei, Thymian, Rosmarin, Petersilie oder Liebstöckel vervollständigen das Bouquet an Aromen. Die getrockneten Kräuter werden 1:1 mit Salz im Mixer zerkleinert. Dann mischt man das restliche Salz darunter – fertig. Die Aufbewahrung erfolgt am besten in Gläsern und an einem dunklen Ort, damit die Kräuter ihre Farbe behalten. Von dort aus kann der Salzstreuer dann immer wieder befüllt werden.

9-KRÄUTER-SALZ

1 kg **STEINSALZ**

je 10 g von **DOST, SPITZWEGERICH, LIEBSTÖCKEL, SCHAFGARBE, GIERSCH, KNOBLAUCHSRAUKE, BRENNNESSEL, THYMIAN, SALBEI**

SONNENZAUBER-SALZ

1 kg **STEINSALZ**

je 50 g von **SONNENBLUMENKERNEN** und **KÜRBISKERNEN** geröstet

je 10 g von **ROSMARIN, THYMIAN, DOST**

je 5 g von **SONNENBLUMENBLÜTEN, RINGELBLUMENBLÜTEN**

FEUER-SALZ

1 kg **STEINSALZ**

100 g **PAPRIKA EDELSÜSS**

10 g **RINGELBLUMENBLÜTEN**

5 g **INGWER**

3 g **CHILISCHOTEN**

TIPP
Wer mag, kann noch 50–100 g Champignons oder andere Pilze beigeben. Das macht die Brühe besonders würzig.

Gemüsebrühe kann man bei Bedarf jeweils mit frischen Zutaten zubereiten. Das nimmt jedoch zusätzlich Zeit in Anspruch. Gerade wenn die Zubereitung der Speisen schnell gehen soll, ist Instant-Gemüsebrühe eine praktische Zutat.
Leider bestehen die käuflichen Klassiker oft aus verhältnismäßig wenig Gemüse und Kräutern, viel Salz und – ein kritischer Blick auf die Zutatenliste offenbart es – in vielen Fällen auch aus Geschmacksverstärkern, Aromen, Zucker, Getreideerzeugnissen, umstrittenem Palmöl und allerlei anderen Zutaten. Wer darauf verzichten möchte, kann ein aromatisches Gemüsebrühpulver, das mit weniger Salz auskommt, ganz einfach selber machen.
Es dient nicht nur als Suppengrundlage, sondern ist auch ein praktisches Universalwürzmittel.
Man verwendet es wie herkömmliche Instant-Brühe: 1 TL pro 250 ml Wasser einrühren und kurz aufkochen.

GEKÖRNTE GEMÜSEBRÜHE
anstatt konventioneller Instant-Gemüsebrühe

DAS REZEPT ERGIBT CA. 200 g GEKÖRNTE BRÜHE

300 g **ZWIEBELN**
100 g **LAUCH**
2 **KNOBLAUCHZEHEN**
150 g **MÖHREN**
150 g **KNOLLENSELLERIE**
300 g **TOMATEN** (aromatische, reife Früchte)
½ Bund **PETERSILIE**
GRÜN VON SELLERIE
100 g **SALZ**
KRÄUTER können ebenfalls mitverarbeitet werden z. B. **LIEBSTÖCKEL, THYMIAN, OREGANO, SALBEI, ROSMARIN** und auch **SCHNITTLAUCH**
Auch **WILDKRÄUTER** wie **BRENNNESSEL, GIERSCH, BÄRLAUCH** oder **KNOBLAUCHSRAUKE** eignen sich

ZUBEREITUNG

1 Gemüse, Kräuter waschen, putzen und zerkleinern und mit dem Messer oder Mixer zerkleinern.
Bei den Tomaten die Kerne und die gelartige Masse drumherum nicht entfernen, wie es in Zubereitungen oft empfohlen ist. Gerade hierin stecken viel Aroma und ein hoher Anteil an natürlichem Glutamat.

2 Alle Zutaten werden gemischt und kommen zum Trocknen ins Dörrgerät (60 °C) Je kleiner die Stücke und dünner die Schichten sind, umso schneller geht es.

3 Die getrockneten Gemüse- und Kräuterkrümel werden nun mit Salz gemischt und im Mixer sehr fein zerkleinert.

4 Fertig ist die Brühwürze!

Die Gemüsemischung in diesem Rezept ist nicht in Stein gemeißelt. Natürlich kann man auch seine individuelle „Haus-Brühe" durch Variieren der Zutaten zubereiten.
Wer viel kocht, hat immer wieder Gemüsereste in der Küche, sofern man sich an die Zutatenmengen in den Rezepten hält. Man kann diese auch sporadisch trocknen, sammeln und immer, wenn das Glas voll ist, ein neues Brühpulver daraus zubereiten.

Es ist auch möglich, die Zutaten gleich frisch mit dem Salz zu mixen. Man erhält dann eine haltbare Gewürzpaste, die im Kühlschrank aufbewahrt einige Wochen haltbar ist.
Ich bevorzuge die Variante mit dem getrockneten Gemüse.

HANDWERKSZEUG

Gutes Brot kann man mit minimalem Equipment backen. Ein paar Dinge mehr machen das Bäckerleben leichter.

Wie schon erwähnt, kann eine **Knetmaschine** von Nutzen sein, ist jedoch nicht zwingend erforderlich. Mit der Art, wie ich Brot backe, habe ich sie noch nie vermisst.

Auch wenn man in Folge mitunter länger damit beschäftig ist, alle Finger wieder sauber zu bekommen, **mit den Händen** im Teig können auch die Sinne am Brotbacken teilhaben. Manchmal mag ein tief verborgen schlummerndes Urgefühl aus der Kindheit dabei aufsteigen. Je nach Rezept kommt man in der Teigbearbeitung auch mit einem Rührlöffel aus Holz bis zu einem gewissen Punkt, ab dem es dann mit den Händen weitergehen muss.

Als Alternative zur Knetmaschine und den Händen im Teig, vor allem für Teige mit überwiegendem Roggenanteil oder eher weiche Teige mit Weizen und Dinkel ist ein **Teigfurcher oder Teigmesser** ein praktisches Werkzeug (1).
Der Teig wird damit „geschnitten", nicht gerührt oder geknetet. Die Zutaten sind auf diese Weise sehr schnell vermischt.

Wer gerne kocht und backt, wird **Küchenwaage, Schneebesen, Teigschaber, Kastenformen, Backpapier** etc. bereits im Küchenschrank haben.

Zusätzlich empfehlenswert sind folgende Gegenstände:

- Hefeteigschüssel mit Deckel und glatten Innenwänden für ca. 6 l Inhalt
- Feinwaage, möglichst auf 1 g genau wiegend (2)
- Mehlschaufel (3)
- Teigkarte (4) und Kesselschaber (5)
- Sprühflasche zum Bedampfen im Backofen (6)
- Abkühlgitter (7)
- Bäckerleinen oder Geschirrtücher aus reinem Leinen (8)
- Gärkörbe in verschiedenen Größen bzw. Formen (9)

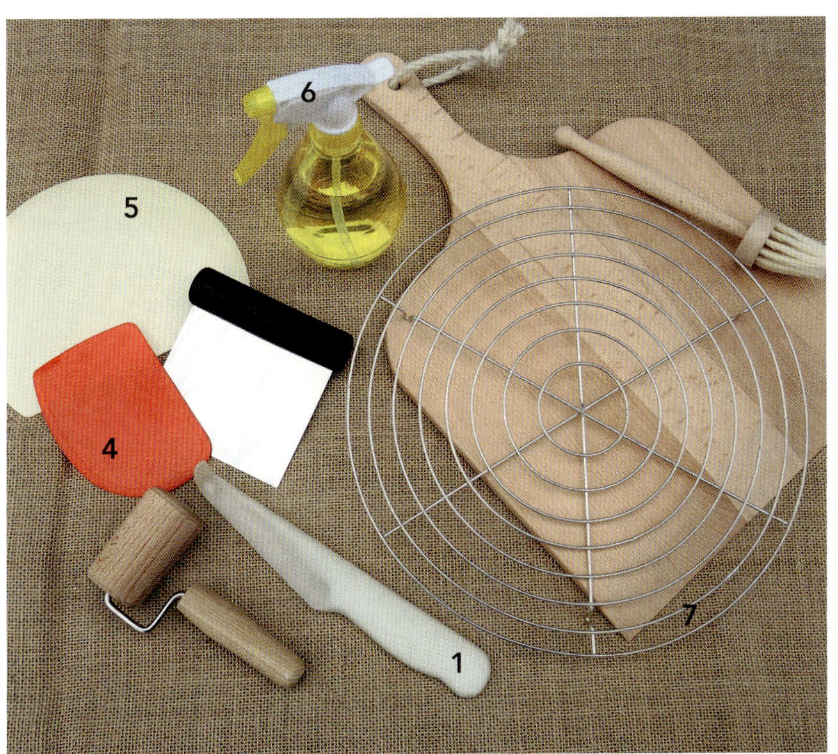
6
5
4
1
7

8

3
2

9

10

Petromax
GERMANY
ft6
13

11
12

Brotbackformen
Die meisten Brote kann man „freigeschoben" backen – also ohne Backform direkt auf dem Blech oder Backstein. Bei weicheren Teigen ist die Verwendung einer Backform mitunter hilfreich oder sogar notwendig.

- **Kastenformen, Bratreinen** oder auch **hohe Pfannen** (10)
- **Kastenformen mit Deckel** (ideal geeignet für Vollkorn- und Toastbrote, 11)
- klassische **Springform**
- **Backringe** (ohne Boden)

ob aus Emaille, Gusseisen, Blaublech oder Edelstahl sei dem Nutzer überlassen. Beschichtete Formen sind verwendbar, jedoch nicht so langlebig wie vorgenannte.

Wer beim Brot eher eine weiche Kruste bevorzugt, kann sich mit einer

- **Holzbackform** versuchen (12). Diese kann in mehrere Segmente unterteilt sein und hat ebenso wie der Backring keinen Boden.

Das Backergebnis ist ähnlich dem mit einer Kastenform ohne Deckel.

Eine sehr empfehlenswerte Alternative ist der

- **Dutchoven** (13) oder auch ein ausreichend großer Gusseisentopf mit Deckel

Darin gelingen Brote besonders gut. Man stellt ihn gleich beim Vorheizen mit Deckel in den Backofen. Das Brot kommt in den heißen Topf und wird mit Deckel – die letzten 10 Minuten ohne Deckel – gebacken.
Ursprünglich für die Outdoorküche konzipiert, bietet ein Dutchoven unzählige weitere Einsatzmöglichkeiten.

Backsteine für den Backofen
Es gibt sie in unterschiedlichen Stärken. Die Qualität hinsichtlich der verwendeten Materialien ist wichtig. Der Backstein soll auf jeden Fall schwermetallfrei und lebensmittelecht sein.
Der Stein muss mit dem Vorheizen im Ofen erhitzt werden. Bei dicken Steinen dauert das relativ lange, was einen erhöhten Energieverbrauch bedeutet.
Auch ohne Backstein erzielt man hervorragende Ergebnisse, wenn man den Teigling auf das heiße, NICHT gefettete Blech legt und dann backt.

Gärkörbe (Brotformen)
Sie sind KEINE Backformen, in denen das Brot im Ofen gebacken wird.
Man verwendet sie ausschließlich zur Stückgare der Laibe.
Es gibt sie aus verschiedenen Materialien:

- Peddigrohr
- Holzschliff
- Kunststoff
- Stroh/Heu
- Weidengeflecht

Die beiden erstgenannten sind am gängisten.

Mein Favorit sind Formen aus Holzschliff (in Form gepresste Holzfasern)
Die Vorteile:

- gute Wärmespeicherung für ein gutes Aufgehen
- einfaches Ausschlagen des Teiglings (nichts bleibt in der Form hängen)
- leichte Reinigung (wird nur ausgebürstet)

Einzig nass dürfen sie nicht werden.

Gärkörbe aus Peddigrohr sind robust und können auch mal ausgewaschen werden. Vor allem bei weichen Teigen legt man sie besser mit einem Leinentuch (es gibt dafür auch spezielle Überzüge) aus, damit der Teig nicht darin festkleben kann.

Wichtig für alle Körbe aus Naturmaterialien: gutes Trocknen und trockene Aufbewahrung, um Schimmelbildung zu vermeiden.
Früher verwendete man geflochtene oder in anderen Techniken hergestellte Körbe aus Weidenruten, Stroh oder Heu. Sie sind heute kaum noch von Bedeutung.
Auch hier wurde immer ein Leinentuch eingelegt, damit der Teigling sich wieder gut daraus lösen konnte.

Backofen

Von der ersten Speise, die über offenem Feuer gegart wurde, bis zum Braten im modernen Küchenherd wurde in der Menschheitsgeschichte viel gekocht.

Natürlich gibt es Backöfen, die perfekt zum Brotbacken geeignet sind, aber letztlich klappt es in fast jedem:

im traditionellen Holzbackofen, im Elektro- oder Gasherd, im Dampfbackofen oder im Dutchoven in der Glut. Voraussetzung ist ein geschlossener Backraum, in dem der Laib möglichst gleichmäßig von Hitze umgeben ist. Gebacken wird oft mit fallender Temperatur und mit Dampf. Auch in Omas Küchenherd kann man wunderbares Brot backen. Man muss nur wissen, wie man ihn richtig befeuert.

In jedem Fall hängt es von der Kunst und dem Wissen des Bäckers bzw. der Bäckerin ab, ob am Ende ein köstliches Brot aus dem Ofen kommt.

Dies ist mein Rezept für unser beliebtes Holzofenbrot. Der traditionell gemauerte Ofen fasst in einem Durchgang 13–15 Laibe. Das entspricht einer Teigmenge von knapp 17 kg, die am Backtag vorzubereiten ist. Über viele Jahre war das jeden Mittwoch meine Passion: mit Liebe und von Hand zubereitet.
Brot backen als Meditation.
Natürlich lässt sich dieses Brot ebenso in einem normalen Küchenofen backen und schmeckt dann nicht minder köstlich.
Es eignet sich übrigens wunderbar als Tauschmittel gegen andere Leckereien wie z. B. Kuchen von der Nachbarin, Eier von glücklichen Hühnern oder auch als Dankeschön für einen Freundschaftsdienst bzw. als Mitbringsel bei einem Besuch.
Deshalb sollte man auch immer gleich zwei davon backen.
Das klappt ohne nennenswerten Mehraufwand perfekt auf einem Blech.

ZUTATEN FÜR 2 LAIBE

VORTAG: ROGGENSAUERTEIG

135 g **WASSER** (handwarm)
120 g **ROGGENVOLLKORNMEHL**
1 TL **ANSTELLGUT ROGGEN**

BACKTAG: VORTEIG

900 g **WASSER** (handwarm)
250 g **SAUERTEIG VOM VORTAG**
10 g **FRISCHHEFE**
500 g **ROGGENVOLLKORNMEHL**
2 EL **BROTGEWÜRZ** (FENCHEL, ANIS, KORIANDER, KÜMMEL)

HAUPTTEIG

GESAMTER VORTEIG
150 g **ROGGENMEHL TYPE 997**
350 g **WEIZENMEHL TYPE 550**
35 g **SALZ**
WEIZENMEHL zum Bestäuben und Formen
ein paar **BRENNNESSELBLÄTTER** oder **KORIANDERSAMEN, SONNENBLUMENKERNE**

EQUIPMENT

GROSSE HEFETEIGSCHÜSSEL, SCHNEEBESEN, TEIGKARTE, 2 GÄRKÖRBE (je 1 kg)

Labertaler HOLZOFENBROT

ZEITHORIZONT FÜR DIE ZUBEREITUNG

VORTAG
Sauerteig: 10 Min.
Reifen: ca. 24 Std.
bei Zimmertemperatur

BACKTAG
Vorteig: 65 Min.
Hauptteig: 10 Min.
+ Stockgare: ca. 2–3 Std.
+ Stückgare: ca. 30 Min.
bei Zimmertemperatur

BACKEN
Backofen mit Blech vorheizen auf 250 °C, Ober- und Unterhitze, sofort bedampfen, von 230 °C auf 190 °C fallend ca. 60 Min. backen.

TIPP
In den Teig kann man eine Handvoll Sonnenblumenkerne geben. Wer es lieber ohne Brotgewürze mag – kein Problem – einfach weglassen.

ZUBEREITUNG

VORTAG

1 Sauerteig nach Anleitung (S. 22) herstellen.

BACKTAG

2 Für den Vorteig alle Zutaten mit dem Schneebesen verrühren (diesen sollte man sogleich abspülen, er wird dann nicht mehr gebraucht).

3 60 Min. Teigruhe. Abdecken der Schüssel ist nicht nötig!

4 Für den Hauptteig alle restlichen Zutaten mit dem Vorteig vermengen. Der Teig muss NICHT geknetet werden. Die Oberfläche mit der Teigkarte glattziehen und mit Weizenmehl bestäuben (vergleichbar viel wie Puderzucker auf einem Dresdner Stollen). Mit einem Tuch abdecken, zur Stockgare beiseitestellen, bis der Teig sein Volumen in etwa verdoppelt hat.

5 Nun den Teig vom Schüsselrand lösen und auf die Arbeitsfläche stürzen. Teigreste in der Schüssel mit aufnehmen. Teig in zwei Hälften teilen.

6 Mit möglichst wenig zusätzlichem Mehl zwei Laibe formen.
Dabei den Teig nicht zu fest durchkneten, damit die Gärblasen nicht komplett aus dem Teig gedrückt werden.

7 In den Gärkorb ein paar Brennnesselblätter mit der Oberseite nach unten legen. Alternativ Koriandersamen oder Sonnenblumenkerne hineinstreuen. Die Laibe gut bemehlen und hineinlegen, ggf. ein Gärtuch verwenden, damit der relativ weiche Teig nicht im Gärkorb festkleben kann.

8 Nach ca. 30 Min. sollte sich das Volumen der Laibe deutlich vergrößert haben und die Oberfläche aufgerissen sein (andernfalls hat man zu fest geknetet und sollte noch etwas länger warten).

9 Die Laibe vorsichtig auf das heiße Blech stürzen, bedampfen und nach Anleitung backen.

JOGHURT-TOASTBROT

Der Teig ist einfach und schnell gemacht und ergibt ein wunderbar fluffiges, aromatisches Brot, das perfekt zum Toasten geeignet ist.

ZEITHORIZONT FÜR DIE ZUBEREITUNG

Teigzubereitung: 40 Min.
+ Stockgare: 12–16 Std.
+ Stückgare: ca. 60 Min.
bei Zimmertemperatur

BACKEN
Kastenform mit Teigstück in den kalten Backofen stellen, auf 50 °C Ober- und Unterhitze einstellen und 30 Min. aufgehen lassen. Dann die Temperatur auf 180 °C erhöhen und 45 Min. backen.
Das Brot aus der Form nehmen, Backpapier entfernen und im Ofen noch 12 Min. weiter backen.

ZUBEREITUNG

1 Wasser und Joghurt in die Schüssel geben.

2 Salz, Hefe und Zucker darin auflösen.

3 Mehl einarbeiten.

4 10 Min. Teigruhe.

5 Nun die kalte Butter in Flocken über den Teig verteilen und hineinkneten.

6 10 Min. Teigruhe.

7 Teig nochmals durchkneten.

8 Abdecken und zur Stockgare beiseitestellen.

9 Teig dehnen und falten, dann mit wenig Mehl bestäuben, vom Schüsselrand lösen und auf die Arbeitsfläche stürzen. Der Teig sollte sich gut von der Schüssel lösen.

10 Teig in drei Stücke teilen.

11 Diese ohne zusätzliches Mehl zu Kugeln formen und nebeneinander in die mit Backpapier ausgelegte Kastenform setzen.

12 Abgedeckt eine Stunde zur Stückgare beiseitestellen. Der Teig sollte im Volumen dabei deutlich zunehmen.

13 Kasten in den kalten Ofen stellen und nach Anleitung backen.

» Vor dem Anschneiden gut auskühlen lassen.

ZUTATEN FÜR 1 KASTEN
500 g **JOGHURT** (3,5 %)
100 g **WASSER** (handwarm)
15 g **SALZ**
1 g **FRISCHHEFE**
25 g **ZUCKER**
50 g **BUTTER**
750 g **DINKELMEHL TYPE 630**

EQUIPMENT
GROSSE HEFETEIGSCHÜSSEL, KASTENFORM 28 – 30 cm, BACKPAPIER

ZUTATEN FÜR 8 KRACHERL

310 g **WASSER** (kalt)
4 g **FRISCHHEFE**
1 TL **ANSTELLGUT ROGGEN**
10 g **SALZ**
500 g **WEIZENMEHL TYPE 550**
25 g **ROGGENMEHL TYPE 997**
5 g **AKTIVES BACKMALZ**
(alternativ 1 TL Honig)
15 g **BUTTER** (kalt)
VOLLKORNGRIES
für die Arbeitsfläche

EQUIPMENT

HEFETEIGSCHÜSSEL, TEIGKARTE

MÖGLICHE VARIATIONEN

Weizen- oder Dinkelanstellgut statt dem angegebenen Roggenanstellgut.
Das Anstellgut dient hauptsächlich der Aromabildung und kann notfalls auch weggelassen werden, falls gerade keines zur Hand ist – die Kracherl werden dennoch gelingen.
Eine Alternative zum aktiven Backmalz ist ein Teelöffel Honig.
Und natürlich schmecken die Semmeln auch mit Dinkelmehl Type 630. Die Rezeptur muss dazu nicht verändert werden.

FRÜHSTÜCKS-KRACHERL

Schnelle und köstliche Semmeln für das Sonntagsfrühstück, aber auch zur deftigen Brotzeit. Der Teig wird am Abend zubereitet und man stellt ihn zur Stockgare in den Kühlschrank, Keller oder nutzt die nächtliche Abkühlung auf Balkon oder Terrasse. Am nächsten Morgen ohne lange Vorarbeit einfach nur portionieren und ab damit in den Backofen. Der verführerische Duft weckt selbst Langschläfer aus ihren Träumen.

ZEITHORIZONT FÜR DIE ZUBEREITUNG

Teigzubereitung: 30 Min.
+ Stockgare über Nacht im Kühlschrank: ca. 12 Std.
oder weniger kühl (ca. 16 °C) 6–8 Std.

BACKEN

Backofen vorheizen auf 230 °C, Ober- und Unterhitze, sofort bedampfen, fallend auf 210 °C 20 Min. backen.

ZUBEREITUNG

VORTAG

1 Hefe, Sauerteig und Salz im Wasser auflösen.

2 Restliche Zutaten (ohne die Butter!) dazugeben und zu einem Teig verarbeiten.

3 10 Min. Teigruhe.

4 Kalte Butter in dünnen Flocken in den Teig einarbeiten.

5 10 Min. Teigruhe.

6 Teig nochmals gut durchkneten. Schüssel mit Deckel verschließen und zur Stockgare beiseitestellen.

BACKTAG

7 Das weiche Teigstück aus der Schüssel langsam und vorsichtig auf die etwas mit Gries bestreute Arbeitsfläche stürzen, leicht in eine annähernd rechteckige Form ziehen und von zwei Seiten zur Mitte hin einschlagen, so dass sich die Enden berühren.

8 Das so zusammengeklappte Teigstück mit der Teigkarte in der Mitte, wo sich die beiden Kanten treffen, teilen. Die beiden Hälften mit der Schnittkante nach oben drehen und ohne Druck zu einem Rechteck (ca. 7 x 28 cm) formen. Bei Bedarf noch etwas Gries auf die Arbeitsfläche streuen.

9 Nun die beiden Stücke in je 4 gleich große Teiglinge aufteilen und mit der Schnittkante nach oben auf das mit Backpapier oder -folie belegte Blech setzen.

10 Das Blech in den vorgeheizten Backofen schieben, sofort bedampfen und nach Anleitung backen.

ZUTATEN FÜR 3 CIABATTA ODER 2 LAIBE

VORTAG

SAUERTEIG

55 g **WASSER**
50 g **ROGGENVOLLKORNMEHL**
5 g **ANSTELLGUT ROGGEN**

KOCHSTÜCK

30 g **DINKELVOLLKORNGRIES**
150 g **WASSER** (kalt)
22 g **SALZ**

BACKTAG

VORTEIG

250 g **WEIZENMEHL TYPE 550**
200 g **WASSER** (warm)
50 g **SAUERTEIG VOM VORTAG** (Rest anderweitig verwenden)
2,5 g **FRISCHHEFE**

HAUPTTEIG

300 g **WASSER** (handwarm)
KOCHSTÜCK
VORTEIG
800 g **DINKELMEHL TYPE 630**
5 g **FRISCHHEFE**
40 g **OLIVENÖL**

EQUIPMENT

GROSSE HEFETEIGSCHÜSSEL, TEIGKARTE, BACKPAPIER

FÜR DIE CIABATTA EIN BLECH, FÜR DIE LAIBE 2 GÄRKORBE ODER 2 KASTENFORMEN

PANE PERFETTO

Ein Brot mit vielen Möglichkeiten und Gesichtern. Den Teig kann man als Brotlaib, Ciabatta oder Panini backen. Auch die Zugabe von Saaten ist möglich. Deshalb auch der Name „perfektes Brot", ein Brot eben, das wie in einem Abonnement regelmäßig auf den Tisch kommt.
Das köstliche Ergebnis rechtfertigt die etwas aufwendigere Zubereitung absolut.
Die Zeitangaben zwischen der Teigbearbeitung sind nicht in Stein gemeißelt, sondern eher als ungefähre Richtlinie zu sehen. Schneller geht es nicht, aber man kann z. B. statt 10 auch bis zu 30 Minuten warten, bevor man weitermacht. Hier kommt das Gefühl für den Teig mit ins Spiel.
Mit der Übung kommen Erfahrung und Routine.
Trauen Sie sich einfach ran!

ZEITHORIZONT FÜR DIE ZUBEREITUNG

VORTAG
Sauerteig und Kochstück:
20 Min.
Reifen (Sauerteig): 12–24 Std.
bei Zimmertemperatur

BACKTAG
Vorteig und Hauptteig:
60 Min.
+ Stockgare Vor- und Hauptteig zusammen: 4–5 Std.
+ Stückgare: ca. 30 Min.
bei Zimmertemperatur

BACKEN
Backofen vorheizen auf 250 °C, Ober- und Unterhitze.

Ciabatta
Blech einschieben, sofort bedampfen. Backdauer ca. 30 Min., die ersten 10 Min. bei 230 °C dann weitere 20 Min. bei 200 °C backen.

Brot
Ofen mit Blech vorheizen. Backdauer ca. 50 Min. (230 °C auf 200 °C fallend)

Fortsetzung auf Seite 46 ➤

ZUBEREITUNG

VORTAG

1 Mit Dinkelgries, Wasser und Salz einen „Pudding" kochen.

2 Sauerteig nach Anleitung (S. 22) herstellen.

BACKTAG

3 Für den Vorteig Wasser, Hefe, Sauerteig und 250 g Weizenmehl mischen.

4 10 Min. Teigruhe.

5 Teigstück dehnen und falten, abdecken, nach 15 Min. nochmal wiederholen.

6 Abdecken und zur Teigruhe 2 Std. beiseitestellen.

7 Nach dieser Zeit für den Hauptteig Wasser, Hefe und Kochstück in den Vorteig einrühren und zum Schluss das Mehl einarbeiten.

8 Das Sonnenblumenöl hineinkneten, bis es vom Teig komplett aufgenommen ist.

9 10 Min. Teigruhe.

10 Nochmals durchkneten und den Teig 10 Min. entspannen lassen.

11 Jetzt den Teig im Abstand von 15 Min. zweimal dehnen und falten.

12 Zur Stockgare ca. 2–3 Std. beiseitestellen.

13 Teig mit wenig Mehl bestäuben, vom Schüsselrand lösen und auf die Arbeitsfläche stürzen.
Das Teigstück sollte nahezu rückstandslos aus der Schüssel gleiten.

14 Teig hälftig falten und in drei Stücke teilen. Diese ohne Druck wie Rouladen aufrollen (s. Bild) und auf der Arbeitsfläche 10 Min. entspannen lassen.

15 Die Rollen nun von der langen Seite her mit gleichzeitig seitlichem Auseinanderziehen aufrollen und so in Ciabattaform bringen. Dabei nur gerade so viel Mehl auf der Arbeitsfläche verwenden, dass das Teigstück nicht kleben bleibt.

16 Die Teiglinge (Unterseite leicht bemehlt) auf das mit Backpapier belegte Blech legen.

17 Mit einem Tuch abdecken und zur Stückgare für ca. 30 Min. beiseitestellen.

18 Backofen vorheizen.

19 Blech einschieben, sofort bedampfen und nach Anleitung backen.

» Alternativ kann man aus dem Teig zwei lockere Laibe formen, im Gärkörben aufgehen lassen und frei auf dem Blech backen.

» Eine weitere Möglichkeit ist es, zwei längliche Stücke zu formen, diese in zwei mit Backpapier ausgelegte Kastenformen zu legen und nach einer Stunde Stückgare zu backen.

Mischung

KORNGEISTER

Diese lustigen Gesellen entstanden aus einer Variation des Rezeptes für Pane Perfetto. Sie sind einer Körnersemmel ähnlich, haben eine fluffige Konsistenz und schmecken auch am nächsten Tag noch frisch.

ZUTATEN FÜR 7 KORNGEISTER

VORTAG: SAUERTEIG

55 g **WASSER**
50 g **ROGGENVOLLKORNMEHL**
5 g **ANSTELLGUT ROGGEN**

KOCHSTÜCK

15 g **DINKELVOLLKORNGRIES**
75 g **WASSER** (kalt)
12 g **SALZ**

QUELLSTÜCK

50 g **HAFERFLOCKEN**
50 g **SONNENBLUMENKERNE**
50 g **LEINSAMEN**
150 g **WASSER** (kalt)

BACKTAG: HAUPTTEIG

250 g **WASSER** (handwarm)
5 g **FRISCHHEFE**
25 g **ROGGENSAUERTEIG** (Rest anderweitig verwenden)
QUELLSTÜCK
KOCHSTÜCK
400 g **WEIZENMEHL TYPE 550**
20 g **SONNENBLUMENÖL**
ROSINEN für die Augen
evtl. etwas **MILCH** zum Abstreichen

EQUIPMENT

GROSSE HEFETEIGSCHÜSSEL, TEIGKARTE, PFANNE, BACKPAPIER, evtl. BACKPINSEL, 1 BACKBLECH

ZEITHORIZONT FÜR DIE ZUBEREITUNG

VORTAG
Sauerteig, Kochstück, Quellstück: 30 Min.
Reifen, Abkühlen, Quellen: 12–24 Std.
bei Zimmertemperatur

BACKTAG
Hauptteig: 70 Min.
+ Stockgare: 2–3 Std.
+ Stückgare: 30 Min.
bei Zimmertemperatur

BACKEN
Backofen vorheizen auf 250 °C, Ober- und Unterhitze bei 200 °C ca. 35 Min. backen.

ZUBEREITUNG

VORTAG

1 Sauerteig nach Anleitung (S. 22) herstellen.

2 Mit Dinkelgries, Wasser und Salz einen „Pudding" kochen.

3 Haferflocken und Sonnenblumenkerne ohne Fett in einer Pfanne hellbraun rösten. In ein Gefäß mit Deckel das Wasser für das Quellstück gießen, die gerösteten Kerne und Flocken und den Leinsamen hineingeben

BACKTAG

4 Wasser in die Schüssel geben, Hefe, Sauerteig, Quell- und Kochstück einrühren.

5 Mehl einarbeiten.

6 Dann das Sonnenblumenöl hineinkneten, bis es vom Teig komplett aufgenommen ist.

7 15 Min. Teigruhe.

8 Nochmals durchkneten und weitere 15 Min. warten.

9 Jetzt den Teig im Abstand von 15 Min. zweimal dehnen und falten.

10 Zur Stockgare ca. 2–3 Std. beiseitestellen.

11 Teig mit Mehl bestäuben, vom Schüsselrand lösen und auf die Arbeitsfläche stürzen. Das Teigstück sollte nahezu rückstandslos aus der Schüssel gleiten.

12 Teig hälftig falten und mit möglichst wenig Druck einen Laib formen, damit die Gärblasen weitgehend erhalten bleiben. Evtl. ist dazu noch ein wenig Mehl nötig, damit der Teig nicht auf der Arbeitsfläche festklebt.

13 Das Teigstück (Unterseite leicht bemehlt) auf der Arbeitsfläche 15 Min. entspannen lassen. Die Schüssel dazu einfach darüberstülpen.

14 Mit der Teigkarte wie von einer Torte 7 dreieckige Stücke abstechen (s. Skizze).

15 Diese flachdrücken, mit den Händen zu Geistern formen (ca. 13 x 8 cm) und auf das mit Backpapier belegte Blech legen. Mit dem kleinen Finger oder einem Kochlöffelstiel zwei Rosinen als Augen hineindrücken.

16 Mit einem Tuch abdecken und zur Stückgare für ca. 30 Min. beiseitestellen.

17 Blech einschieben, sofort bedampfen und nach Anleitung backen.

18 5 Min. vor Backende die Korngeister mit Milch abstreichen, dann bekommen Sie eine besonders schöne Farbe.

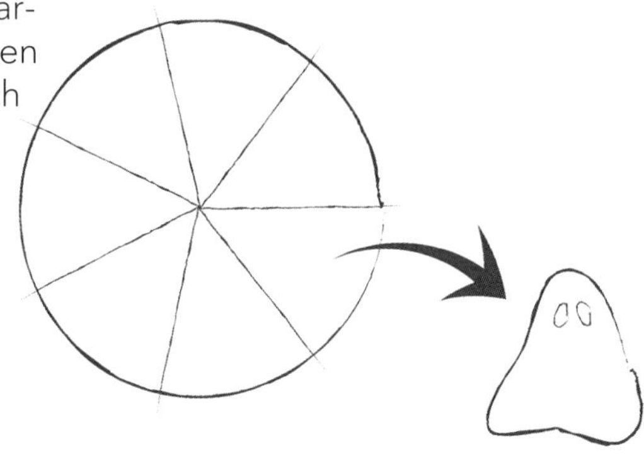

DINKELSONNE

» Noch einmal erfährt das Pane Perfetto eine Abwandlung: mit Sonnenblumenkernen innen wie außen und einer raffinierten Form.

ZUTATEN FÜR 1 SONNE

VORTAG: SAUERTEIG
55 g **WASSER**
50 g **ROGGENVOLLKORNMEHL**
5 g **ANSTELLGUT ROGGEN**

KOCHSTÜCK
15 g **DINKELVOLLKORNGRIES**
75 g **WASSER** (kalt)
12 g **SALZ**

QUELLSTÜCK
80 g **SONNENBLUMENKERNE**
50 g **WASSER** (kalt)

BACKTAG: HAUPTTEIG
250 g **WASSER** (handwarm)
KOCHSTÜCK
25 g **ROGGENSAUERTEIG**
(Rest anderweitig verwenden)
5 g **FRISCHHEFE**
400 g **WEIZENMEHL TYPE 550**
20 g **SONNENBLUMENÖL**
QUELLSTÜCK
20 g **SONNENBLUMENKERNE**
zum Bestreuen

EQUIPMENT

GROSSE HEFETEIGSCHÜSSEL, TEIGKARTE, BACKPAPIER, PFANNE, SPRÜHFLASCHE

ZEITHORIZONT FÜR DIE ZUBEREITUNG

VORTAG
Vorteig: 30 Min.
Reifen: 12–24 Std.
bei Zimmertemperatur

BACKTAG
Hauptteig: 60 Min.
\+ Stockgare: 3 Std.
\+ Stückgare: 30 Min.
bei Zimmertemperatur

BACKEN
Backofen vorheizen auf 250 °C, Ober- und Unterhitze,
bei 200 °C ca. 45 Min. backen.

ZUBEREITUNG

VORTAG

1 Mit Dinkelgries, Wasser und Salz einen „Pudding" kochen.

2 Sonnenblumenkerne in der Pfanne ohne Fett hellbraun rösten und mit Wasser zum Quellen in ein verschließbares Gefäß geben.

3 Sauerteig nach Anleitung (S. 22) herstellen.

BACKTAG

4–13 ist identisch mit den „Korngeistern" (S. 48/49).

14 Teigstück auch von der Oberseite leicht bemehlen und mit der Teigkarte das Teigstück viermal über Kreuz bis zum Boden durchstechen. Dabei einen äußeren Rand von ca. 5 cm stehen lassen. Dieser muss ganz bleiben (s. Skizze).

15 Nun jede Spitze vorsichtig anheben und nach außen drehen. Dabei wird der äußere Rand zum inneren Rand und dessen Unterseite auch zur Oberseite.

16 Die so entstandene Sonne auf das mit Backpapier belegte Blech legen und ggf. mit bemehlten Händen die Form nachkorrigieren.

17 Den Teigling mit Wasser besprühen und Sonnenblumenkernen bestreuen.

18 Stückgare ohne Abdeckung (ca. 30 Min.).

19 Backofen vorheizen.

20 Blech einschieben, sofort bedampfen und nach Anleitung backen.

BESTER PIZZATEIG

Seit diese Variante entstand, wurde kein anderer mehr gebacken. Seitdem werden die Ränder nicht nur mitgegessen, sondern müssen sogar dicker gemacht werden. Auch zu Ciabatta oder Panini lässt sich der Teig wunderbar verarbeiten und liefert eine lockere Krume.
Die Zubereitung braucht zwar etwas Zeit, aber daneben kann man ja schon mal gemütlich alles andere für den Pizzagenuss vorbereiten.

ZUTATEN FÜR 2 BLECHE PIZZA

360 g **WASSER** (handwarm)
12 g **SALZ**
1 TL **HONIG**
6 g **FRISCHHEFE**
60 g **ANSTELLGUT ROGGEN** (alternativ Anstellgut Dinkel)
60 g **ROTKORNVOLLKORNMEHL** (oder Dinkelvollkornmehl)
510 g **WEIZENMEHL TYPE 550**
18 g **OLIVENÖL**

BELAG

OLIVENÖL zum Bestreichen
1 Dose **TOMATEN STÜCKIG** (ca. 400 g)
SALZ, PFEFFER, OREGANO
500 g **MOZZARELLA**
WEITERE ZUTATEN NACH BELIEBEN

EQUIPMENT

GROSSE HEFETEIGSCHÜSSEL, TEIGROLLER, TEIGKARTE

ZEITHORIZONT FÜR DIE ZUBEREITUNG

Teigzubereitung: 60 Min.
+ Stockgare ca. 2½ Std. bei Zimmertemperatur
+ Zeit für Pizzazubereitung bzw. Ciabatta/Panini

BACKEN

Pizza: 250 °C ca. 10–15 Min.
Brötchen/Ciabatta: 230 °C fallend auf 200 °C ca. 20–25 Min.

ZUBEREITUNG

1 Salz, Honig, Hefe und Anstellgut im Wasser auflösen.

2 Vollkornmehl einrühren, dann restliches Mehl dazugeben und mischen.

3 Teigruhe abgedeckt 10 Min.

4 Olivenöl über den Teig geben und hineinkneten, bis der Teig alles aufgenommen hat.

5 Nochmals Teigruhe abgedeckt 10 Min.

6 Teig dehnen und falten, nach jeweils 20 Min. Teigruhe (abgedeckt) noch zweimal wiederholen.

7 Schüssel verschließen und zur Stockgare beiseitestellen. Der Teig soll sein Volumen mindestens verdoppeln.

8 Teig aus der Schüssel auf die bemehlte Arbeitsfläche stürzen, in 4 Teile portionieren, zu Kugeln formen und 10 Min. entspannen lassen.

9 Inzwischen Bleche mit Olivenbratöl einfetten.

10 Teig ausrollen, rechteckig ausziehen, je zwei Stücke auf die Bleche legen und mit Olivenöl bestreichen.

11 Für den Belag: Stückige Tomaten mit Salz, Pfeffer und Oregano würzen. Auf ein Teigstück 3 EL davon verteilen und Mozzarella darüberzupfen. Restlichen Belag darauf verteilen und backen.

» Pizza dünn belegen. Für mehr Belag die Pizza mit dem Mozzarella ca. 5 Min. vorbacken, dann belegen und fertigbacken. So weicht sie nicht so leicht durch.

TIPP
Für bunte Schnecken kann man den Teig mit Rote-Bete- oder Kräutersaft einfärben.

BROTSCHNECKEN

Schnecken können nicht nur im Garten richtig lästig werden. Diese hier sitzen bevorzugt auf Speisen und in fertig zubereiteten Salaten und werden im Gegensatz zu den anderen kurzerhand mitverspeist. Am besten schmecken sie frisch gebacken.
Im Prinzip kann man dafür jeden etwas festeren Weißbrotteig verwenden. Gut gelingen sie auf jeden Fall mit dem Teig vom Feuerbrot (S. 113), aus dem sich bis zu 32 kleine Schnecken backen lassen.

ZUTATEN (WIE FEUERBROT)

290 g **WASSER** (handwarm)
10 g **FRISCHHEFE**
10 g **SALZ**
500 g **WEIZENMEHL TYPE 550**
1 EL **PFLANZENÖL**

EQUIPMENT

TEIGKARTE

ZEITHORIZONT FÜR DIE ZUBEREITUNG

Zusätzlich zur Teigherstellung zum Formen ca. 30 Minuten

BACKEN
Backofen mit Blech im unteren Drittel vorheizen auf 250 °C, Ober- und Unterhitze, bei 230 °C ca. 10 Min. backen.

ZUBEREITUNG

1 Teig nach Anleitung vom Feuerbrot herstellen.

2 Teig aus der Schüssel auf die bemehlte Arbeitsfläche geben, in 16 Stücke teilen.

3 Mit beiden Händen und wenig Mehl auf der Arbeitsfläche die Stücke zu jeweils einem 30 cm langen Strang rollen. Diesen in zwei 5 cm (Körper) und zwei 10 cm (Schneckenhaus) lange Stücke teilen.

4 Für alle weiteren Vorgänge wird kaum Mehl auf der Arbeitsfläche benötigt!

5 Das kurze Stück zwischen den Händen zum Körper mit einem spitzen und einem stumpfen Ende rollen. Das stumpfe Ende mit den Fingern zum Schneckenkopf mit zwei kurzen Fühlern formen.

6 Das lange Stück von 10 auf 20 cm ausrollen. Dann den Strang spiralförmig aufwickeln (Durchmesser ca. 4 cm).

7 Nun das Häuschen in der Mitte auf den Körper setzen und sanft flach drücken. Zum einen muss das Teighaus am Körper ankleben und zum anderen soll es kein „Hochhaus" werden.

8 Immer mehrere fertig geformte Schnecken auf das heiße Backblech setzen und die Schneckenparade so in 4–6 Durchgängen nacheinander backen.

MARMORBROT

» Der Name ist Programm.

Deshalb gibt es bei uns nicht nur Marmorkuchen, sondern auch Marmorbrot in unterschiedlichen Varianten.
Im Gegensatz zum Kuchen werden zwei völlig getrennte Teige zubereitet, die erst am Backtag eine Liaison eingehen. Ob das Muster mehr Ähnlichkeit mit den Streifen eines Zebras, Arabischen Schriftzeichen oder einer Marmorplatte hat, hängt vom Knetvorgang ab. Je mehr geknetet wird, umso feiner wird die Marmorierung.
Neben Kakao kann man den dunklen Teig auch mit Getreidekaffee oder Färbemalz einfärben oder man macht das verwendete Wasser mit Rote Bete, Kräutern, Kurkuma oder Aronia zum Farbträger.

ZUTATEN FÜR 1 LAIB

VORTAG

HELLER TEIG

250 g **WASSER** (kalt)
4 g **FRISCHHEFE**
8 g **SALZ**
400 g **WEIZENMEHL TYPE 550**

DUNKLER TEIG

220 g **WASSER** (kalt)
4 g **FRISCHHEFE**
7 g **SALZ**
330 g **DINKELVOLLKORNMEHL**
15 g **KAKAOPULVER**

EQUIPMENT

ZWEI GEFÄSSE (je 1 l INHALT) MIT DECKEL – IDEAL SIND z. B. LEERE 1-kg-JOGHURT-EIMERCHEN

ZEITHORIZONT FÜR DIE ZUBEREITUNG

VORTAG
Teigzubereitung: 20 Min.
+ Stockgare: 16–24 Std. (über Nacht) im Kühlschrank

BACKTAG
Teigzubereitung: 20 Min.
+ Stückgare: 30–60 Min.

BACKEN
Backofen mit Blech vorheizen auf 250 °C, Ober- und Unterhitze.
Nach dem Einschieben sofort bedampfen, bei 230 °C fallend auf 180 °C ca. 50 Min. backen.

ZUBEREITUNG

VORTAG

Für den hellen Teig

1 Salz und Hefe im Wasser auflösen.

2 Mehl dazugeben und gut durchkneten.

3 10 Min. Teigruhe.

4 Nochmals durchkneten und in einen Behälter mit Deckel füllen.

Für den dunklen Teig

5 Bei der Zubereitung wie beim hellen Teig verfahren (Kakao mit dem Mehl zugeben) und in den zweiten Behälter füllen.

Fortsetzung auf Seite 58 ➤

6 Beide Gefäße zur Gare für 16–24 Std. in den Kühlschrank stellen.
Der Teig wird sich im Volumen etwa verdoppeln.

BACKTAG
Für die weiteren Vorgänge verwendet man kaum Mehl, da die Teige nicht kleben – andernfalls würden sich beide Teige nicht richtig verbinden.

7 Beide Teige nacheinander aus den Behältern nehmen, je zu einer Kugel formen und kurz entspannen lassen.

8 Kugeln flach drücken und zu zwei Teigplatten ca. 30 x 30 cm ausrollen.

9 Diese jeweils in 10 cm breite Streifen schneiden.

10 Die 6 Teigstreifen, mit dem hellen Teig beginnend, farblich abwechselnd aufeinanderlegen und von der kurzen Seite mit Druck wie eine Roulade aufrollen.

11 Jetzt das Teigstück kurz durchkneten und einen Laib formen.

12 Den fertigen Teigling gut bemehlen, zur Stückgare in einen Gärkorb legen und an einen warmen Platz stellen. Er soll sich im Volumen etwa um die Hälfte vergrößern (bei Gärkörben aus Rattan empfiehlt sich, ein Gärtuch in den Korb zu legen, damit der Teigling nicht anklebt).

13 In den vorgeheizten Ofen auf das heiße Blech stürzen, sofort bedampfen und nach Anleitung backen.

A SIASS BROT

Goldgelb mit Eiern von freilaufenden, glücklichen Hühnern und mit einer Krume wie Watte ist das Brot allein schon ein Hingucker. Der köstliche Duft verlockt unwiderstehlich zur Verkostung.
Das Gebäck schmeckt überraschend salzig und süß zugleich und am allerbesten frisch und fast noch lauwarm: eine Sucht, egal ob pur, mit Fruchtaufstrich oder auch zum Eintunken in heiße Milch oder Kakao.
Der schwierigste Part bei der Zubereitung ist, die Butter in den Teig zu bekommen, zumindest, wenn man ihn mit den Händen macht. Hier nicht verzweifeln. Am Anfang ist der Teig eine ziemlich weiche, klebrige Masse, aber er lässt sich zähmen. Der etwas höhere Aufwand für die Zubereitung lohnt auf jeden Fall.

ZUTATEN FÜR 1 KASTEN

KOCHSTÜCK

120 g **MILCH**
20 g **DINKELMEHL TYPE 630**
7 g **SALZ**
40 g **ZUCKER**

HAUPTTEIG

KOCHSTÜCK
3 **EIER** (M)
20 ml **ORANGENSAFT**
12 g **FRISCHHEFE**
385 g **DINKELMEHL TYPE 630**
100 g **BUTTER** (kühlschrankkalt)
2 EL **MILCH** zum Abstreichen

EQUIPMENT

GROSSE HEFETEIGSCHÜSSEL, SCHNEEBESEN (für 1.–4.), KASTENFORM 28–30 cm, BACKPAPIER

ZEITHORIZONT FÜR DIE ZUBEREITUNG

VORTAG

Kochstück: 15 Min.
+ Zeit zum Auskühlen
Hauptteig: 60 Min.
+ Stockgare: ca. 16–24 Std. kühl (8–14 °C)

BACKTAG

Hauptteig: 10 Min.
+ Stückgare: ca. 2–3 Std. bei Zimmertemperatur

BACKEN

Backofen vorheizen auf 230 °C, Ober- und Unterhitze.
Bei 175 °C ca. 50 Min. backen, 10 Min. vor Ende der Backzeit mit Milch abstreichen.

ZUBEREITUNG

VORTAG (VORABEND)

1 Alle Zutaten für das Kochstück mit dem Schneebesen mischen und unter Rühren zu einem „Pudding" kochen.

2 Abdecken und zum Auskühlen beiseitestellen.

Für den Hauptteig

3 Eier aufschlagen, mit dem Schneebesen in der Schüssel schaumig schlagen.

4 Hefe, Orangensaft und Kochstück einrühren.

5 Mehl dazugeben und einarbeiten, der Teig ist noch klebrig und unregelmäßig.

6 10 Min. Teigruhe.

7 Teig nochmals gut durcharbeiten.

8 Die Butter in dünnen Flocken auf den Teig geben und kneten bis der Teig glatt und geschmeidig ist.

9 10 Min. Teigruhe.

10 Nun den Teig dehnen und falten (siehe Beschreibung unter Basics) und diesen Prozess noch zweimal in kurzen

Abständen wiederholen.
Teig wird straffer und glatt.

11 Teigstück in der Schüssel mit Deckel zur Stockgare beiseitestellen.
Das Teigvolumen sollte sich in etwa verdoppeln.

BACKTAG

12 Kastenform fetten und mit Backpapier auslegen.

13 Den Teig auf die leicht bemehlte Arbeitsfläche stürzen, jetzt nicht mehr kneten. Mit beiden Händen vorsichtig längs aufrollen und in die Kastenform legen.

14 Zur Stückgare abgedeckt an einen warmen Platz stellen.

15 Im vorgeheizten Backofen nach Anleitung backen. 10 Min. vor Ende der Backzeit mit Milch abstreichen.

16 Das fertige Brot vorsichtig seitlich aus der Form rutschen lassen, Backpapier entfernen und auf einem Gitter auskühlen lassen.

OPTIONAL:

- 1 P. echter Vanillezucker in Kochstück
- 100 g in Orangensaft oder Rum eingeweichte Sultaninen (Flüssigkeit abseihen) dazugeben. Sie kommen nach der Butter in den Teig.

In diesem schmackhaften Brot sorgen Sauerteig und lange Gare für das besondere Etwas.
Der Teig ist mit wenigen Zutaten im wahrsten Sinne blitzschnell gemacht, den Rest der Arbeit erledigt er über Nacht fast alleine.
Dafür ist etwas Vorplanung nötig, da die einzelnen Schritte auf 3 Tage verteilt sind.
Dennoch ein praktisches Rezept für alle, die nicht so gerne mit verschiedenen Vorteigen und aufwendiger Teigführung arbeiten.

ZUTATEN FÜR 1 GROSSEN ODER 2 KLEINE LAIBE

TAG 1: SAUERTEIG

50 g **WASSER** (handwarm)
50 g **ANSTELLGUT ROGGEN**
50 g **ROGGENVOLLKORNMEHL**

TAG 2

SAUERTEIG VOM VORTAG
700 g **WASSER** (handwarm)
5 g **FRISCHHEFE**
25 g **SALZ**
200 g **WEIZENVOLLKORNMEHL**
950 g **WEIZENMEHL TYPE 550**

TAG 3 (BACKTAG)

KOMPLETTER TEIG VOM VORTAG
3 EL **WEICHWEIZENGRIESS**

EQUIPMENT

GROSSE HEFETEIGSCHÜSSEL (6 l FASSUNGSVERMÖGEN), TEIGKARTE, SCHNEEBESEN (nur für 2.)
BEI 2 LAIBEN BRAUCHT MAN GÄRKÖRBE MIT GÄRTUCH FÜR DIE STÜCKGARE

BLITZBROT

ZEITHORIZONT FÜR DIE ZUBEREITUNG

TAG 1
(zwei Tage vor dem Backen)
Sauerteig: 10 Min.
Reifen: 12–24 Std.
bei Zimmertemperatur

TAG 2
Teig: 60 Min.
+ Stockgare über Nacht:
8–10 Std.
Der Teig wird sein Volumen mindestens verdoppeln.

TAG 3 = BACKTAG
Teig: 15 Min.
+ Stückgare: ca. 45 Min.

BACKEN
Backofen mit Blech vorheizen auf 250 °C, Ober- und Unterhitze, sofort bedampfen.
Von 230 °C auf 180 °C fallend ca. 50 Min. backen, bis das Brot goldbraun und knusprig ist.

ZUBEREITUNG

Beschreibung für einen großen Laib
TAG 1

1 Sauerteig nach Anleitung (S. 22) herstellen.

TAG 2

2 Wasser in die Schüssel geben, mit Sauerteig, Hefe und Salz sowie dem Vollkornmehl mit dem Schneebesen mischen.

3 Restliches Mehl dazugeben und einarbeiten.

4 10 Min. Teigruhe.

5 Teig nochmals gut durchkneten, dann dreimal alle 15 Min. dehnen und falten.

6 Schüssel abdecken und zur Stockgare beiseitestellen.

TAG 3 – BACKTAG

7 Teig vom Schüsselrand lösen, einmal dehnen und falten.

8 2 EL Grieß darüberstreuen und den Teig in der Schüssel rundum im Grieß wälzen, bis er nicht mehr an der Schüssel haften bleibt.

9 Schüssel abdecken und zur Stückgare beiseitestellen.
Der Teig wird dabei ca. um die Hälfte größer.

10 Teig nochmals vom Schüsselrand lösen, den restlichen Grieß darüber streuen und in der Schüssel nochmal rundum wälzen – nicht mehr kneten oder falten!
In der großen Schüssel klappt das auch, indem man sie kreisförmig schwenkt. Der Teig rutscht dann auf dem Grießbett wie kugelgelagert in der Schüssel umher und formt sich quasi selbst zum Laib.

11 Den Laib vorsichtig auf das heiße Blech stürzen, bedampfen und nach Anleitung backen.

» HINWEISE FÜR DAS BACKEN IM TOPF

Das Rezept passt perfekt in den Dutchoven Petromax ft6 bzw. einen ähnlichen Topf mit ca. 5 l Inhalt.
Den Topf schon zum Vorheizen mitsamt Deckel in den Ofen stellen.
Den Laib direkt aus der Schüssel langsam in den Topf gleiten lassen, Deckel schließen.
Das Bedampfen entfällt.
Temperatur auf 200 °C reduzieren und 40 Min. backen, dann den Deckel entfernen und weitere 10 Min. backen.
Das fertige Brot sofort aus dem Topf nehmen und auf einem Gitter abkühlen lassen.

PACHA MAMA

Ein Gemüsechili mit allem, was es an Gemüse gerade so gibt.
Deshalb ist das hier niedergeschriebene Rezept eine Momentaufnahme und wird je nach Vorhandensein der Zutaten abgewandelt. Die Schärfe steckt im Dip.
Damit nicht hier und dort ein Rest von den Zutaten in den Dosen bleibt, wird gleich alles verkocht.
Deshalb werden mehr als 4 Genießer satt davon.

ZEITHORIZONT FÜR DIE ZUBEREITUNG

Vorbereitung: 30 Min.
Kochzeit: ca. 1 Std., bis alles Gemüse weich ist.

ZUBEREITUNG

1 Alles Gemüse waschen, putzen, Zwiebeln häuten, Kartoffeln schälen.

2 Zwiebeln und Knoblauch klein würfeln.

3 Gemüse in kleine Stücke schneiden (ca. 2–3 cm). Kürbis, ggf. Zucchini und Paprika für die spätere Zugabe beiseitestellen, da diese sonst zerkochen. Grüne Bohnen blanchieren.

4 Kidneybohnen über ein Sieb abgießen und mit Wasser kurz durchspülen.

5 Zwiebeln im Fett anbraten.

6 Knoblauch und Gemüse mit dem Tomatenpüree dazugeben, Gemüsebrühe angießen und alles mischen.

7 Suppe mit den angegebenen Zutaten würzen und mit Salz abschmecken.

8 Alles einmal richtig aufkochen, dann die Hitze reduzieren, dass es nur noch köchelt.

9 Suppe nun mit geschlossenem Deckel ca. 60 Min. köcheln lassen und dabei gelegentlich umrühren (nach 30 Min. ggf. restliches Gemüse dazugeben).

10 In der Zwischenzeit für den **Dip** den Schmand (oder Joghurt) mit den fein gehackten Knoblauchzehen, Kräutersalz und Chili nach Geschmack anrühren (frische Chili fein hacken).

11 In Bowls anrichten, dazu den Dip und frisches Brot reichen.

ZUTATEN FÜR 6 PORTIONEN

1 kg Frisches **SAISONGEMÜSE**
z. B. **MÖHREN, KARTOFFEL, ROTE BETE, KÜRBIS, PAPRIKA, ZUCCHINI, GRÜNE BOHNEN**
1 große **ZWIEBEL**
2 EL **BRATÖL**
1 Dose **KIDNEYBOHNEN**
(Abtropfgewicht ca. 255 g)
1 l **TOMATENPÜREE**
400 ml **GEMÜSEBRÜHE**
1 TL **BRAUNER ROHRZUCKER**
1 TL **PAPRIKAPULVER EDELSÜSS**
½ TL **KÜMMEL**
(geschrotet oder gemörsert)
CURRY, KREUZKÜMMEL
BUNTER PFEFFER aus der Mühle
SALZ

FÜR DEN DIP

200 g **SCHMAND** oder **JOGHURT**
2 **KNOBLAUCHZEHEN**
KRÄUTERSALZ
CHILI (frisch oder getrocknet)

EQUIPMENT

AUSREICHEND GROSSER KOCHTOPF

TIPP
Auch am nächsten Tag aufgewärmt nochmal ein Genuss!

FRÜHLING

März / April / Mai

Nach langen Nächten und kalten Tagen freuen wir uns nicht nur auf mehr Wärme, sondern auch auf die Erweiterung des saisonalen Speisezettels.

Die Natur beendet die winterliche Ruhezeit – frisches Grün sprießt bald reichlich und liefert neue Zutaten für Salate, Suppen und Gemüsegerichte.

Es ist die Zeit des Säens und Pflanzens. Wer einen Garten hat, sollte es sich nicht entgehen lassen, wenigstens Kräuter und pflegeleichte Gemüse und Früchte selbst anzubauen.

WAS HAT SAISON?

Das letzte Lagerobst und -gemüse wie Äpfel, Kartoffeln, Kraut und Rüben wird aufgebraucht, selbst gemachtes Sauerkraut geht zur Neige – es ist gut so! Wir alle haben Sehnsucht nach Frischem wie (Wild-) Kräutern aller Art, Radieschen und Rettich, Spinat und dem Spargel, den man bis in den Juni hinein genießt.

Auf frisches Obst muss man noch warten, aber es gibt eine Ausnahme: Die ursprünglich aus Sibirien und Kamtschatka stammende Maibeere reift, wie man am Namen schon vermuten kann, im Wonnemonat und ist die erste Frucht in unseren Breiten. Noch vor den Erdbeeren ist sie reif und im Geschmack den Heidelbeeren ähnlich. Zu kaufen findet man die Beeren leider nicht, aber im Garten lässt sich der anspruchslose Strauch gut anbauen – man muss bei der Ernte nur schneller sein als die Vögel …

FESTE UND LOSTAGE IM FRÜHLING:

Mariä Lichtmess, Ostern und häufig Pfingsten, Muttertag, Eisheilige

ZUTATEN FÜR 1 LAIB

SAUERTEIG

100 g **WASSER** (handwarm)
90 g **ROGGENVOLLKORNMEHL**
1 TL **ANSTELLGUT ROGGEN**

HAUPTTEIG

220 g **WASSER** (handwarm)
SAUERTEIG VOM VORTAG
3 g **FRISCHHEFE**
12 g **SALZ**
180 g **ROGGENVOLLKORNMEHL**
200 g **WEIZENMEHL TYPE 550**
200 g **WEIZENVOLLKORNMEHL**
250 g **KARTOFFELN, MEHLIG KOCHEND**
15 g **SCHWEINESCHMALZ**

EQUIPMENT

GROSSE HEFETEIGSCHÜSSEL, SCHNEEBESEN, KARTOFFELPRESSE ODER -STAMPFER, GÄRKORB

ERDÄPFELBROT

Ein sehr schmackhaftes Brot mit rescher Kruste und weicher Krume. Die Kartoffeln sorgen für eine lange Frischhaltung. Das Brot bietet sich an, wenn man sowieso Kartoffeln kocht, oder z. B. vom Kartoffelbrei was übriggeblieben ist. Eine tolle Sorte hierfür ist z. B. die Biokartoffel „Nemo", sie schmeckt nicht nur hervorragend, sondern hat auch ein außergewöhnliches Aussehen.

TIPP
Als Variante 1 TL Kümmel zum Teig geben.

ZEITHORIZONT FÜR DIE ZUBEREITUNG

VORTAG
Sauerteig: 10 Min.
Reifen: ca. 24 Std.
bei Zimmertemperatur

BACKTAG
Kartoffeln: 20 – 30 Min.
+ Hauptteig: ca. 30 Min.
+ Stockgare: ca. 5½ Std.
+ Stückgare: ca. 30 Min.
bei Zimmertemperatur

BACKEN
Backofen vorheizen auf 250 °C, Ober- und Unterhitze, sofort bedampfen, von 220 °C auf 180 °C fallend ca. 50 Min. backen.

ZUBEREITUNG

VORTAG
Sauerteig nach Anleitung (S. 22) herstellen.

BACKTAG

1 Kartoffeln waschen, schälen (es sollten 200 g übrigbleiben), achteln und in Wasser weich kochen. Kein Salz ins Kochwasser geben! Kartoffeln wie für Kartoffelbrei pressen oder stampfen, abkühlen lassen.

2 Für den Hauptteig den Sauerteig vom Vortag mit Hefe und Salz im warmen Wasser auflösen, das auf Handwärme abgekühlte Kartoffelpüree und das Schweineschmalz einrühren. Hierfür wird der Schneebesen verwendet. Dann geht es mit den Händen weiter.

3 Mehl in die Schüssel geben und kneten, bis alles Mehl gleichmäßig in den Teig eingearbeitet ist.

4 Teig abgedeckt 15 Min. ruhen lassen, dann nochmals kurz durchkneten.

5 Schüssel abdecken und zur Stockgare beiseitestellen.

6 Teig aus der Schüssel auf die leicht bemehlte Arbeitsfläche geben.

7 Mit möglichst wenig Mehl und sehr sachte zu einem Laib formen.

8 Laib gut bemehlt zur Stückgare in Gärkorb legen (Schluss nach unten) und mit Leinentuch abdecken.

9 Backofen mit Blech vorheizen.

10 Laib auf das heiße Blech stürzen, sofort bedampfen und nach Anleitung backen.

DIPFERL-SEMMELN

Seitdem die Bäcker Chia entdeckt haben, findet man allerlei Gebäck mit dieser Zutat in den Theken.
Dabei gibt es auch bei uns heimische Pflanzen, deren Saaten sowohl optisch wie auch inhaltlich im wahrsten Sinne punkten können.
Aus dem locker-fluffigen Teig entstehen außergewöhnliche Semmeln, die ihresgleichen suchen und ein bisschen an Milchsemmeln erinnern.

ZUTATEN FÜR 6 GROSSE (ODER 12 KLEINE) SEMMELN

1 Becher **BUTTERMILCH** (500 g)
20 g **BLAUMOHN**
5 g **FRISCHHEFE**
30 g **BRAUNER ROHRZUCKER**
14 g **SALZ**
1 **EI** (M)
680 g **DINKELMEHL TYPE 630**

EQUIPMENT

GROSSE HEFETEIGSCHÜSSEL, SCHNEEBESEN (nur für 1.–2.), BACKPAPIER

ZEITHORIZONT FÜR DIE ZUBEREITUNG

VORTAG
Teigzubereitung: 30 Min.
+ Stockgare: ca. 10 Std.
bei Zimmertemperatur

BACKTAG
Teigbearbeitung: 15 Min.
+ Stückgare: ca. 30 Min.
bei Zimmertemperatur

BACKEN
Ofen vorheizen auf 200 °C, Ober- und Unterhitze, sofort nach dem Einschieben bedampfen, bei 180 °C ca. 30 Min. backen.

ZUBEREITUNG

VORTAG

1 Hefe, Salz und Zucker in der Buttermilch auflösen.

2 Ei einrühren.

3 Mehl dazugeben und die Masse zu einem mittelfesten Teig verarbeiten.

4 10 Min. Teigruhe.

5 Teig nochmals kurz durchkneten.

6 Weitere 10 Min. Teigruhe.

7 Teig dehnen und falten.

8 Schüssel abdecken und zur Stockgare beiseite stellen. Das Teigvolumen wird sich in etwa verdreifachen.

BACKTAG

9 Den Teig mit Mehl bestäuben, vom Schüsselrand lösen und auf die bemehlte Arbeitsfläche stürzen, übereinander schlagen und in 6 Stücke (à ca. 220 g) teilen.

10 Die Teigstücke je einmal längs und quer wie Rouladen aufrollen und dann Kugeln daraus formen (rundschleifen).

11 Diese auf ein Blech mit Backpapier setzen, einschneiden, mit einem Tuch abdecken und ca. 30 Min. aufgehen lassen.

12 In den vorgeheizten Ofen schieben und sofort bedampfen. Nach Anleitung backen.

» Das Rezept lässt auch eine süße Variante zu:

- Salz auf nur 4 g reduzieren und die Zuckermenge auf 40 g erhöhen
- Optional Zugabe von 50 g eingeweichten Rosinen

APRILSCHERZLN

Wer kann da nach einem Aprilscherz noch böse sein, wenn auf dem Frühstückstisch diese lustigen Brotgesichter liegen, die mehr Brot als Semmel sind.

ZEITHORIZONT FÜR DIE ZUBEREITUNG

VORTAG
Sauerteig: 10 Min.
Reifen: 12–24 Std.
bei Zimmertemperatur

BACKTAG
Hauptteig: 40 Min.
+ Stockgare: 2 Std.
+ Stückgare: 30 Min.
bei Zimmertemperatur

BACKEN
Backofen vorheizen auf 250 °C, Ober- und Unterhitze,
sofort bedampfen, bei 200 °C ca. 35 Min. backen.

ZUBEREITUNG

VORTAG

1 Sauerteig nach Anleitung (S. 22) herstellen.

BACKTAG

2 Wasser in die Schüssel geben und Salz und Hefe darin auflösen.

3 Einkorn- und Roggenmehl einrühren.

4 Zum Schluss Dinkelmehl einarbeiten.

5 15 Min. Teigruhe.

6 Nochmals alles durchkneten und den Teig 15 Min. entspannen lassen.

7 Das Teigstück dehnen und falten, abdecken.

8 Zur Stockgare abgedeckt für ca. 2 Std. beiseitestellen.

9 Teig mit Mehl bestäuben, vom Schüsselrand lösen und auf die Arbeitsfläche stürzen.

10 Teig hälftig falten und in 6 oder 8 gleich große Stücke teilen. Der mittelfeste Teig lässt sich gut bearbeiten und klebt kaum.

11 Mit möglichst wenig Mehlzugabe Kugeln formen. Diese unten bemehlt auf das mit Backpapier ausgelegte Blech setzen. Mit einem scharfen Messer oder einer Rasierklinge Gesichter tief einritzen, mit Leinentuch abdecken.

12 Stückgare auf dem Blech ca. 30 Min.

13 Blech in den vorgeheizten Backofen schieben, sofort bedampfen und nach Anleitung backen.

14 Die Brotgesichter vom Blech nehmen und auf einem Gitter abkühlen lassen.

ZUTATEN FÜR
6–8 BROTGESICHTER

VORTAG: SAUERTEIG

55 g **WASSER**
50 g **ROGGENVOLLKORNMEHL**
5 g **ANSTELLGUT ROGGEN**

BACKTAG: HAUPTTEIG

460 g **WASSER** (handwarm)
SAUERTEIG VOM VORTAG
12 g **SALZ**
80 g **EINKORNVOLLKORNMEHL**
(alternativ Dinkelvollkornmehl)
100 g **ROGGENMEHL TYPE 997**
500 g **DINKELMEHL TYPE 630**

EQUIPMENT

GROSSE HEFETEIGSCHÜSSEL, TEIGKARTE, SEHR SCHARFES MESSER ODER RASIERKLINGE, BACKPAPIER

» Ein tolles, saftiges Vollkornbrot mit langer Frischhaltung.

ZUTATEN FÜR 1 KASTENFORM

VORTAG

KOCHSTÜCK

80 g **GETREIDEKÖRNER** Mix
210 g **WASSER** (handwarm)

SAUERTEIG

80 g **WASSER** (handwarm)
70 g **ROGGENVOLLKORNMEHL**
7 g **ANSTELLGUT ROGGEN**

QUELLSTÜCK

70 g **SONNENBLUMENKERNE**
70 g **KÜRBISKERNE**
70 g **HAFERFLOCKEN GROSSBLATT**
210 g **WASSER** (handwarm)

BACKTAG

HAUPTTEIG

280 g **WASSER** (handwarm)
QUELLSTÜCK
KOCHSTÜCK
SAUERTEIG VOM VORTAG
15 g **SALZ**
20 g **HONIG**
30 g **LEINSAMEN GESCHROTET**
300 g **ROGGENVOLLKORNMEHL**
140 g **DINKELVOLLKORNMEHL**

EQUIPMENT

GROSSE HEFETEIGSCHÜSSEL, KASTENFORM MIT DECKEL FÜR 1,5 kg TEIG (30 cm) ODER 2 KLEINE KASTENFORMEN, TEIGKARTE

Weil es etwas aufwendiger zu machen ist, fülle ich für einen Backdurchgang immer gleich 3 Kastenformen damit – also Rezept mal drei. Der Ofen schafft das ohne zusätzlichen Energiebedarf.

PFLASTERSTEINE

ZEITHORIZONT FÜR DIE ZUBEREITUNG

VORTAG
Kochstück, Sauerteig, Quellstück: zusammen ca. 60 Min.
Reifen: jeweils 12–24 Std. bei Zimmertemperatur

BACKTAG
Hauptteig: 30 Min.
+ Stockgare: 60 Min.
+ Stückgare: 3 Std.
bei Zimmertemperatur

BACKEN
Backofen vorheizen auf 230 °C, Ober- und Unterhitze, nach 15 Min. auf 180 °C fallend mit geschlossenem Deckel 2 Std. backen.

ZUBEREITUNG

VORTAG

1 Für das Kochstück in einem Topf die Getreidemischung mit dem kalten Wasser aufsetzen. NICHT salzen! Zum Kochen bringen, Hitze reduzieren und auf kleiner Stufe (wie beim Kochen von Reis) bei geschlossenem Deckel 40 Min. köcheln lassen. Ggf. einmal umrühren, auskühlen lassen.

2 Währenddessen Sauerteig nach Anleitung (S. 22) zubereiten, beiseitestellen.

3 Für das Quellstück zunächst die Saaten und Kerne in einer Pfanne ohne Fett leicht anrösten. In eine Schüssel Wasser und Röstgut geben und gut umrühren. Verschließen und beiseitestellen.

BACKTAG

4 Wasser in die Schüssel geben und Salz und Honig darin auflösen.

5 Vom Vortag Sauerteig, Quellstück und Kochstück dazugeben und einrühren.

6 Roggenvollkornmehl und geschroteten Leinsamen einarbeiten.

7 Zum Schluss Dinkelvollkornmehl dazu geben und alles zu einem Teig vermengen.

8 15 Min. Teigruhe.

9 Nochmals alles durchkneten.

10 Zur Stockgare für ca. 1 Std. beiseitestellen.

11 Teig mit Mehl bestäuben, vom Schüsselrand lösen und auf die Arbeitsfläche stürzen.

12 Oberseite nochmals mit wenig Mehl bestäuben.

13 Das Teigstück nun halbieren, beide Hälften rundwirken und in Haferflocken wälzen.

14 Kastenform(en) fetten und mit Backpapier auslegen.

15 Die Teiglinge in die für die Kastenform(en) passende Form bringen und vorsichtig nebeneinander hineinsetzen.

16 Ein Stück Backpapier auflegen, dann mit Deckel, alternativ Tuch, abdecken und zur Stückgare beiseitestellen. Nach Anleitung mit Deckel backen.

17 Die letzten 10 Min. ohne Form und Backpapier im Ofen backen.

» Falls die Kastenform keinen Deckel hat: Zum Backen Backpapier auf dem Teigling liegen lassen und die Form mit Alufolie überspannen.

Wildes KRÄUTERBROT

In diesem Brot für Genießer steckt die „Grüne Kraft" unserer heimischen Wildkräuter.
Hildegard von Bingen bezeichnete diese Energie als „Viriditas", die nach ihrer Auffassung als Grundkraft der gesamten Natur innewohnt. Vom Dinkel sagte sie: *„Die Seele des Menschen macht er froh und voll Heiterkeit"* und vom Fenchel *„… er vermittelt dem Körper Wärme, guten Schweiß und gute Verdauung"*.
Die lange Teiggare entlockt den Zutaten köstliche Aromen, die durch keine anderen Zusatzstoffe ersetzt werden könnten.
Das kräftige Grün vom Teig ist im fertigen Brot nur noch dezent zu sehen.

ZUTATEN FÜR 1 LAIB

150 g **FRISCHE WILDKRÄUTER**
250 g **WASSER** (handwarm)
30 g **ORANGENSAFT**
2 TL **HONIG**
500 g **BUTTERMILCH** (Zimmertemperatur)
1 TL **FENCHELSAMEN** (gemörsert oder gemahlen)
20 g **SALZ**
8 g **FRISCHHEFE**
1 kg **DINKELMEHL TYPE 630**
30 g **RAPSÖL** (oder anderes Pflanzenöl)
20 g **LEINSAMEN**

EQUIPMENT

MIXER/PÜRIERSTAB, GROSSE HEFETEIGSCHÜSSEL, GÄRKORB FÜR 1–1,5 kg BROTTEIG ODER SPRINGFORM 28 cm, GEFETTET (ggf. MIT BACKPAPIER AUSGELEGT)

Fortsetzung auf Seite 78 ➤

ZEITHORIZONT FÜR DIE ZUBEREITUNG

VORTAG

Kräutersaft: 15 Min.
Teigzubereitung: 15 Min.
+ 75 Min. Ruhezeiten
+ Stockgare: ca. 9 Std.
+ Stückgare: ca. 30–40 Min. bei Zimmertemperatur

BACKEN

Backofen vorheizen auf 250 °C, Ober- und Unterhitze, sofort bedampfen, von 200 °C auf 180 °C fallend ca. 50–60 Min. backen. Die Kruste soll nicht zu dunkel werden.

ZUBEREITUNG

VORTAG
Für den Kräutersaft:

1 Frische essbare Wildkräuter der Saison, z. B. Brennnessel, Vogelmiere, Bärlauch, Giersch, Knoblauchsrauke, Spitzwegerich, Wiesenlabkraut u. a. (keine gerb- und/oder bitterstoffreichen Kräuter wie Schafgarbe, Löwenzahn, Beifuß verwenden) grob zerkleinern, 250 g kaltes Wasser dazugießen und pürieren bzw. mixen, 5 Min. ziehen lassen.

2 Über ein Sieb abgießen, von dem Kräutersaft 200 ml für den Teig abmessen. Überschüssigen Saft keinesfalls entsorgen, sondern z. B. mit Apfelschorle 10:1 verdünnt genießen! Über die Kräuterreste freuen sich die Hühner oder der Komposthaufen.

Für den Brotteig:

3 Kräutersaft mit Orangensaft, Honig, Buttermilch, Salz, Fenchel in die Hefeteigschüssel geben und Hefe einrühren.

4 Das gesamte Mehl dazugeben und von Hand alles zügig zu einem straffen, glatten Teig verarbeiten.

5 Zum Schluss das Öl darüber gießen und einarbeiten.

6 15 Min. Teigruhe.

7 Teig durch Dehnen und Falten straffen. Das Teigstück sieht dann etwa aus wie eine Rosensemmel. Dies nach jeweils 30 Min. noch zweimal wiederholen, dazwischen Teig immer abdecken.

8 Teig zur Stockgare beiseitestellen (z. B. über Nacht).

BACKTAG

9 Der Teig sollte nun locker fluffig sein und sich im Volumen mindestens verdoppelt haben. In der Schüssel den Teig noch einmal dehnen und falten, mit etwas Mehl bestäuben und aus der Schüssel auf die Arbeitsfläche stürzen.
Er sollte sich langsam und nahezu rückstandslos aus der Schüssel lösen.

10 Den Teig jetzt nicht mehr kneten, ohne weitere Mehlzugabe zum Laib formen, diesen leicht bemehlt (nicht mehr als von selbst hängen bleibt) zur Stückgare in die Backform oder in den Gärkorb legen. Mit einem Tuch abdecken.

11 Backofen mit Blech vorheizen.

12 Den Teigling aus dem Gärkorb auf das heiße Blech stürzen bzw. die Backform in den Ofen stellen. Den Laib mit etwas Wasser besprühen und sofort mit Leinsamen bestreuen. Nach Anleitung backen.

TIPP
Für braune Schokobollern 1 EL Kakao mit dem Mehl zum Teig geben und 20 ml mehr Wasser nehmen.

SCHOKOBOLLERN

Sie lieben frisches Gebäck, aber nicht, wenn es vor Zucker klebt. Von meiner Familie wurden diese Schokobollern nach dänischem Vorbild sofort „abonniert" und gleich noch warm wegschnabuliert.
Süß und salzig zugleich schmecken sie zum Frühstück, zu Kaffee, Tee oder als Snack zwischendurch. Auch in einem Bad aus Vanillesoße sind sie ein Genuss.
Das Schöne daran: ohne viel Mehraufwand kann man auch gleich eine Portion auf Vorrat backen und einfrieren.

ZUTATEN FÜR 16 KUGELN

200 g **WASSER** (handwarm)
200 g **GRIECHISCHER JOGHURT** (oder Sauerrahm)
50 g **BRAUNER ROHRZUCKER**
10 g **SALZ**
10 g **FRISCHHEFE**
je 2 Msp. **ZIMT** und **KARDAMOM**
650 g **WEIZENMEHL TYPE 550**
100 g **SCHOKODROPS ZARTBITTER**
100 g **BUTTER** (kalt)

EQUIPMENT

GROSSE HEFETEIGSCHÜSSEL, SCHNEEBESEN (nur für 1.), TEIGKARTE, BACKPAPIER

ZEITHORIZONT FÜR DIE ZUBEREITUNG

BACKTAG
Teigzubereitung: 30 Min.
+ Stockgare: ca. 4 Std.
+ Stückgare: ca. 30 Min.
bei Zimmertemperatur

BACKEN
Backofen vorheizen auf 200 °C, Ober- und Unterhitze,
bei 180 °C ca. 30 Min. backen.

ZUBEREITUNG

1 Wasser, Joghurt, Zucker, Salz, Hefe und Gewürze in der angegebenen Reihenfolge mit dem Schneebesen verrühren, bis Salz und Zucker sich aufgelöst haben.

2 Mehl und Schokodrops einarbeiten, abdecken, 10 Min. Teigruhe.

3 Die kalte Butter in kleinen Flocken auf den Teig setzen und einkneten, bis die Butter vom Teig komplett aufgenommen wurde. Abdecken, 10 Min. Teigruhe.

4 Teig dehnen und falten, abdecken und 4 Std. zur Stückgare beiseitestellen. Der Teig sollte sich etwa verdoppeln.

5 Teig auf die bemehlte Arbeitsfläche stürzen (er sollte sich nahezu rückstandslos von selbst aus der Schüssel lösen) und einmal übereinanderschlagen.

6 Mit der Teigkarte in 16 Stücke (je ca. 80 g) teilen.

7 Die Teiglinge rund einschlagen und zur Stückgare mit dem Schluss nach unten gleichmäßig verteilt auf das mit Backpapier belegte Blech setzen. Mit einem Leinentuch abdecken.

8 Backofen vorheizen.

9 Blech einschieben und sofort bedampfen, nach Anleitung backen.

SCHNELLE VANILLESOSSE
fertig in 10 Minuten

ZUTATEN FÜR 4 PERSONEN

750 ml **MILCH** 3,5 %
1 Packung **PUDDINGPULVER MIT BOURBON VANILLE**
1 **EI** (L)
2 EL **ZUCKER**

Früher gab es keine Päckchen, aus deren Inhalt sich in Windeseile ein Pudding kochen oder eine Vanillesoße rühren ließ. Aus Milch, Stärkemehl, Ei, Zucker und aromatisierenden Zugaben wurde Pudding einfach handgerührt. Ganz ehrlich – das schmeckt tatsächlich auch besser als die schnelle Variante aus dem Packerl, getreu dem Motto „Gut Ding will Weile haben". Dieses Rezept ist eine Kombination aus beidem.

1 Puddingpulver mit wenig Milch anrühren, restliche Milch, Zucker und Ei dazugeben und mit dem Schneebesen kräftig schlagen, bis der Zucker gelöst ist.

2 Auf dem Herd unter ständigem Rühren einmal aufkochen lassen.

3 Das war's schon! Diese Soße passt zu den Schokobollern (vorherige Seite) und dem Kirschenmichel (s. Seite 114)!

TIPP
Für eine Schokovariante einfach einen Esslöffel Kakao mit dem Puddingpulver einrühren.

ZWIEBELSUPPE

Von Zwiebelsuppe gibt es unzählige Varianten. Besonders lecker ist sie mit Brot und Käse überbacken. Ob nun Schwarzbrot oder ein anderes in die Suppe kommt sei jedem selbst überlassen.

ZUTATEN FÜR 4 PERSONEN

500 g **ZWIEBELN**
3 EL **BUTTER** (alternativ Schweineschmalz oder Pflanzenöl)
200 ml **WEISSWEIN HALBTROCKEN**
800 ml **GEMÜSEBRÜHE**
½ TL **KÜMMEL** geschrotet oder ganz
PFEFFER, SALZ
etwas **MUSKATNUSS GERIEBEN**
4 Scheiben **SCHWARZBROT**
100 g Würziger **HARTKÄSE** (z. B. Greyerzer)
4 Stängel **PETERSILIE**

EQUIPMENT

KÄSEREIBE

ZEITHORIZONT FÜR DIE ZUBEREITUNG

ca. 40 Minuten

1 Zwiebeln schälen, halbieren und in Scheiben schneiden.

2 2 EL Butter schmelzen, Zwiebeln darin glasig dünsten und mit Weißwein ablöschen. Gemüsebrühe angießen.

3 Würzen und mit Salz abschmecken.

4 20 Min. köcheln lassen.

5 Währenddessen Käse reiben und die Brotscheiben in mundgerechte Stücke schneiden. In einer Pfanne mit der restlichen Butter leicht anrösten.

6 Backofen vorheizen 200 °C

7 Suppe in Schalen füllen, Brot darauf verteilen, mit Käse bestreuen und mit der Grillfunktion ca. 5 Min. überbacken.

VOILÀ!

RADIESERLSUPPE

Als Hobbygärtner*in, kann man schon mal mit einer überreichen Radieserlernte gesegnet sein.
Doch was tun, wenn sie schon fast zu den Ohren herauswachsen? Meist sind wir gewohnt, nur die kleinen, unterirdischen „Schusser" zu genießen, während die Blätter auf den Kompost in die Biotonne oder in den Kaninchenstall wandern. Eigentlich viel zu schade! Das nussig-würzige, leicht pikante Aroma macht sich gut in einer Suppe. Natürlich sollte dazu das Grün frisch und ungespritzt sein.

TIPP
Statt mit Radieschenblättern lässt sich die Suppe auch mit der verwandten Salatrauke (Rucola) zubereiten.

ZUTATEN FÜR 4 PERSONEN

2 Bund **RADIESERL** mit **FRISCHEM GRÜN**
2–3 **SCHALOTTEN**
3 EL **PFLANZENBRATÖL**
200 ml guter **WEISSWEIN HALBTROCKEN**
2 **KARTOFFELN** (ca. 150–200 g), **MEHLIG KOCHEND**
1 l **GEMÜSEBRÜHE**
200 ml frische **SAHNE**
4 Scheiben **WEISSBROT**, z. B. Buttermilchkugel
ca. 40 g **BUTTER**
KRÄUTERSALZ
BUNTER PFEFFER
RADIESERLSPROSSEN (alternativ Kresse oder frische Kräuter)
SCHNITTLAUCH- oder **RUCOLABLÜTEN**

EQUIPMENT

PÜRIERSTAB ODER MIXER

ZEITHORIZONT FÜR DIE ZUBEREITUNG

ca. 45 Minuten

1 Blätter von den Radieserln abschneiden, verlesen, ggf. harte Stiele entfernen und alles gründlich waschen (einige Radieserl für die Garnitur beiseite legen!)
Blätter grob zerkleinern, Radieserl in kleine Würfelchen schneiden.
Schalotten und Kartoffeln schälen, ebenfalls klein würfeln.

2 In einem Topf das Öl erwärmen, Zwiebeln hineingeben, unter Rühren glasig dünsten und mit dem Weißwein ablöschen.
Die Gemüsewürfel mit den Blättern dazugeben, mit Gemüsebrühe aufgießen und zum Kochen bringen. Deckel auf den Topf legen und bei schwacher Hitze ca. 20 Min. köcheln lassen.

3 In der Zwischenzeit das Weißbrot würfeln, in einer Pfanne Butter zerlassen und das Brot darin leicht anrösten, zur Seite stellen.
Dekoration vorbereiten.

4 Suppe pürieren (es bleiben kleine Stückchen), mit Kräutersalz und buntem Pfeffer aus der Mühle abschmecken.
Sahne einrühren und die Suppe jetzt nicht mehr kochen!

5 Die Suppe in Teller oder Schalen füllen und mit den vorbereiteten Radieserlscheiben, Brotwürfeln, Sprossen und Blüten garnieren und servieren.

BÄRLAUCHSUPPE

Im Frühjahr ist sie eine beliebte, kraftspendende Suppe.
Sammelt man den Bärlauch selbst, sollte man Herbstzeitlose, Maiglöckchen und Aronstab kennen. Das sind ernst zu nehmende Giftpflanzen, die auch mitten in Bärlauchbeständen vorkommen können. Deshalb das Grün (vorsichtshalber auch gekauftes) vor der Verarbeitung auf jeden Fall genau anschauen.

ZUTATEN FÜR 4 PERSONEN

2 Bund **FRISCHER BÄRLAUCH** (ca. 300 g)
3 EL **BUTTER**
300 g **KARTOFFELN, MEHLIG KOCHEND**
800 ml **GEMÜSEBRÜHE**
200 ml **SAHNE** (alternativ: Crème fraîche)
SALZ, PFEFFER aus der Mühle
MUSKATNUSS GERIEBEN
4 Scheiben **TOASTBROT** oder anderes Weißbrot

EQUIPMENT

MIXER ODER PÜRIERSTAB

ZEITHORIZONT FÜR DIE ZUBEREITUNG

ca. 45 Minuten

1 Toastbrot würfeln, im Topf mit 1 EL Butter anrösten und beiseite stellen.

2 Bärlauch waschen, putzen, abtropfen lassen und in feine Streifen schneiden.
Etwas frischen Bärlauch für die Garnitur aufheben.

3 Kartoffeln waschen, schälen, in kleine Würfel schneiden.

4 In einem Topf 2 EL Butter schmelzen lassen, Bärlauch darin kurz andünsten, Kartoffelwürfel dazugeben, mit Gemüsebrühe ablöschen und 20 Min. köcheln lassen.

5 Sahne dazugeben, Suppe jetzt nicht mehr kochen lassen!

6 Mit Salz, Pfeffer und etwas geriebener Muskatnuss abschmecken und pürieren.

7 Anrichten mit den Brotwürfeln und etwas gehacktem Bärlauch und/oder Bärlauchblüten, die ebenfalls essbar sind.

MILCHSUPPE

… ist ein preiswertes, einfaches Essen, das auf dem Land in früheren Zeiten oft auf den Tisch kam. Oft bestand sie nur aus in reichlich Milch eingeweichtem Brot wahlweise gesalzen oder gezuckert. So richtig gut schmeckt sie nur mit selbst gebackenem Brot, das auch schon altbacken sein kann.
Ob man dazu nun Schwarz- oder Weißbrot verwendet, sei jedem selbst überlassen. Besonders zu empfehlen sind das Joghurttoastbrot oder auch das deftigere Hausbrot.

ZUTATEN FÜR 4 PERSONEN

1 l **MILCH** (3,8 %)

2 EL **ZUCKER**

2 EL **DINKELMEHL TYPE 630** (oder Weizenmehl Type 550)

2 **EIER** (L)

2 EL **ZIMTZUCKER**

4 Scheiben **WEISS-** oder **SCHWARZBROT**

TIPP
Dazu passen auch Rosinen oder Bananenstückchen.

ZEITHORIZONT FÜR DIE ZUBEREITUNG

ca. 20 Minuten

1 Brot in mundgerechte Stücke schneiden und in die Teller verteilen.

2 Mehl, Eier und 2 EL Zucker mit wenig Milch im Topf anrühren – es soll keine Klumpen geben – restliche Milch dazugeben.

3 Die Eiermilch unter ständigem Rühren auf dem Herd einmal aufkochen lassen.

4 Heiß über das Brot in die Teller gießen und mit Zimtzucker bestreuen.

FRÜHLING AUF DEM BROT

Für den Hunger zwischendurch lässt sich eine feine und zugleich vitaminreiche Mahlzeit mit diesen wenigen Zutaten zubereiten. Die ersten Radieserl und frisch gesammelte Blüten auf aromatischem Butterbrot.
Genaue Mengenangaben braucht es hier nicht. Eine, zwei oder drei Scheiben – man kann einfach nicht widerstehen …

ZUTATEN

BROT NACH WAHL
(z. B. Kümmel-Fenchel-Laib oder Roggen-Zwiespänner)

BUTTER oder **FRISCHKÄSE**
(Natur) zum bestreichen

1 Bund **RADIESERL**
oder **EISZAPFEN**
alternativ 1–2 Ostergruß Rettich(e)

KRÄUTER
z. B. Blätter von Löwenzahn, Schnittlauch, Rucola, Vogelmiere, Bärlauch, Oregano, Feldsalat, Knoblauchsrauke, Gundermann

BLÜTEN
z. B. Gänseblümchen, Schnittlauch, Rucola, Ehrenpreis, Löwenzahn, Flockenblume, Veilchen, Stiefmütterchen …

SALZ und **PFEFFER**
aus der Mühle

ZEITHORIZONT FÜR DIE ZUBEREITUNG

ca. 15 Minuten

1 Kräuter ggf. waschen und auseinanderzupfen.

2 Die Blüten lassen sich kaum waschen, deshalb frisch geerntet ganz oder gezupft verwenden.

3 Brot aufschneiden, mit Butter oder Frischkäse bestreichen und nach Gusto belegen.

4 Zum Schluss mit Salz und Pfeffer aus der Mühle bestreuen.

TIPP
Wer keinen Garten bzw. Sammelmöglichkeit für Blüten hat, kann zu den frischen Kräutern auch eine getrocknete Blütenmischung verwenden.

FRÜHLINGS-KRÄUTER-QUARK

Ein schnell gemachter proteinreicher Power-Aufstrich mit vitaminreichem Grün.
Löwenzahnblätter und zarte Blüten (ohne den Kelch), Rucola, Bärlauch, Schnittlauch, Knoblauchsrauke und Giersch oder auch junger Sauerampfer sind mögliche Zutaten. Je nach verwendeten Kräutern schmeckt dieser Aufstrich jedes Mal anders.

ZUTATEN

250 g **QUARK**
(20 % oder 40 % Fett i. Tr.)

3 EL **MILCH** oder **WASSER**

1 TL **HONIG**

SALZ

PFEFFER aus der Mühle

1 Bund **WILD-** oder **GARTEN-KRÄUTER DER SAISON**

ZEITHORIZONT FÜR DIE ZUBEREITUNG

ca. 15 Minuten

1 In einer Schüssel den Quark mit Milch und Honig glattrühren.

2 Kräuter waschen, evtl. harte Stiele entfernen, fein hacken und daruntermischen.

3 Mit Salz und Pfeffer aus der Mühle abschmecken.

TIPP

Die „Wilden“ lassen sich wie die bekannten Gartenkräuter meist problemlos auch in Töpfen oder Kästen auf Balkon und Terrasse anbauen.

MÖHREN-LAUCH-KÄSE

Einfach und blitzschnell gemacht ist dieser deftige Gemüseaufstrich.
Er lässt sich mit Würfelchen von gekochtem Schinken oder Südtiroler Speck verfeinern und mag gerne ein kräftiges Roggenbrot als Unterlage.

ZUTATEN

300 g **FRISCHKÄSE** (bevorzugt volle Fettstufe)

200 g **MÖHREN**

50 g **LAUCH**

1 TL **HONIG**

KRÄUTERSALZ, PFEFFER aus der Mühle

1 Prise gemahlener **KÜMMEL**

ZEITHORIZONT FÜR DIE ZUBEREITUNG

ca. 20 Minuten

1 Möhren ggf. schälen, Lauch waschen und putzen.

2 Gemüse fein zerkleinern, mit Frischkäse mischen.

3 Würzen mit Pfeffer und Kümmel und ggf. etwas Kräutersalz.

RADIESERL-EIER-AUFSTRICH

Im Prinzip kann man in Frischkäse, Hüttenkäse, Quark und Joghurt so ziemlich alles einbetten, was an frischen Zutaten verfügbar ist. Die leichte Schärfe der Radieserl passt hier gut mit den Eiern zusammen. Ein Frühlings-Aufstrich.

ZUTATEN

200 g **FRISCHKÄSE** (bevorzugt volle Fettstufe)
1 Bund **RADIESERL**
4–6 **EIER** (je nach Größe)
1 **KNOBLAUCHZEHE**
½ Bund **SCHNITTLAUCH**
KRÄUTERSALZ
PFEFFER aus der Mühle
KRÄUTER und **BLÜTEN**

TIPP
Wer mag, kann den Aufstrich mit kleinen Würfelchen von gekochtem Schinken anreichern.

ZEITHORIZONT FÜR DIE ZUBEREITUNG

ca. 15 Minuten

1 Eier hart kochen, abschrecken, auskühlen lassen (kann man z. B. schon am Vortag machen).

2 Radieserl waschen, putzen und in kleine Würfelchen schneiden (mit den Blättern kann man vielleicht die Radieserlsuppe kochen).

3 Schnittlauch in Röllchen schneiden.

4 Eier schälen und in etwa haselnussgroße Stücke zerkleinern.

5 Knoblauch fein hacken, leicht salzen und mit dem Messer zerdrücken.

6 Alle Zutaten mit dem Frischkäse mischen, mit Kräutersalz und Pfeffer abschmecken und mit Kräutern und Blüten anrichten.

DREIERLEI DAUCH

Die Dips passen z. B. zu Brotchips, Tacos, zu Gegrilltem und Gemüsesticks.
Die Rote Salsa lässt sich auch gut auf Vorrat herstellen. Dazu einfach heiß in Twist-Off-Gläser füllen.

FEURIGE SALSA

500 g **VOLLREIFE FLEISCHTOMATEN**
100 g **ROTE PAPRIKASCHOTE**
1 **ROTE ZWIEBEL** (ca. 100 g)
2 EL **BRAUNER ROHRZUCKER**
1–3 **GRÜNE CHILISCHOTEN**
40 ml **OLIVENBRATÖL**
30 ml **WEISSER BALSAMICO**
1 gestr. TL **PAPRIKAPULVER EDELSÜSS**
½ TL **KREUZKÜMMEL**
SALZ, PFEFFER aus der Mühle, evtl. **CAYENNEPFEFFER** für noch mehr Schärfe

ZEITHORIZONT FÜR DIE ZUBEREITUNG

ca. 30 Minuten

1 Tomaten und Paprika waschen, putzen, abwiegen und klein würfeln.

2 Zwiebel schälen, ebenfalls klein würfeln, Chilischoten in feine Ringe schneiden.

3 Öl in einem Topf erhitzen, Zucker dazugeben, Gemüse kurz anbraten.

4 Restliche Zutaten einrühren, mit Salz, Pfeffer abschmecken und ca. 20 Min. köcheln lassen, dabei gelegentlich umrühren.

5 Mit Cayennepfeffer ggf. nochmals abschmecken.

FRUCHTIGER KÄSE-DIP

40 g **BUTTER**
20 g **DINKELMEHL TYPE 630**
300 g **MILCH** (3,5 %)
100 g **CHEDDAR** (gerieben)
100 g **APRIKOSEN** (püriert oder sehr kleine Stückchen)
1 gestr. TL **PAPRIKAPULVER EDELSÜSS**
1 TL **CURRY**, ½ TL **KURKUMA**, je 1 Prise **KREUZKÜMMEL**, **CAYENNEPFEFFER** und etwas geriebene **MUSKATNUSS**
SALZ, PFEFFER aus der Mühle

ZEITHORIZONT FÜR DIE ZUBEREITUNG

ca. 20 Minuten

1 Butter im Topf schmelzen, Mehl einrühren.

2 Milch unter ständigem Rühren langsam angießen, Masse kurz aufkochen lassen.

3 Temperatur reduzieren, Käse dazugeben, unter ständigem Rühren schmelzen lassen.

4 Aprikosen einrühren und erwärmen.

5 Würzen, mit Salz und Pfeffer abschmecken.

BASILIKUM-MANDEL-DIP

50 g **GEHÄUTETE, GERÖSTETE MANDELN**
1 Bund **BASILIKUM** (1 Topf)
1 Bund **GEMISCHTE KRÄUTER DER SAISON** (z. B. Petersilie, Spitzwegerich, Giersch, etwas Oregano, Rosmarin, einige Minzeblättchen)
2–4 **KNOBLAUCHZEHEN**
100 ml **OLIVENÖL** (nativ)
1 TL **WEISSER BALSAMICO** (oder etwas Zitronensaft)
150 g **CRÈME FRAÎCHE**
1 TL **HONIG**
1 EL **KÜRBISKERNÖL**
SALZ, PFEFFER aus der Mühle
1 **GRÜNE CHILISCHOTE** falls Schärfe erwünscht

ZEITHORIZONT FÜR DIE ZUBEREITUNG

ca. 20 Minuten

1 Knoblauch schälen, Kräuter waschen, entstielen, mit den Mandeln alles grob hacken.

2 Mit Balsamico und Olivenöl im Mixer pürieren.

3 Crème Fraîche und Kürbiskernöl unterrühren.

4 Mit Salz, Pfeffer und ggf. Chili abschmecken.

BROTSALAT

Mit dem ersten heimischen Salaten und Kräutern macht dieser Salat Appetit auf Grünes. Die gerösteten Brotwürfel (z. B. Hausbrot oder Buttermilchkugel) sorgen für die Sättigung. Pur oder als Beilage – immer ein Genuss.

ZUTATEN FÜR 4 PERSONEN

4 Scheiben **BROT**

50 g **BUTTER**

1–2 z. B. **ROTER FRISEE, LOLLO ROSSO** oder **ROTER KOPFSALAT**

1 Bund **FRISCHE KRÄUTER** vom Markt (Rucola, Schnittlauch, Roter Ampfer …) oder selbst gesammelt (z.B. Löwenzahn, Vogelmiere, Spitzwegerich)

1 **SCHALOTTE** oder kleine **ROTE ZWIEBEL**

FÜR DIE MARINADE

200 g **JOGHURT** 3,5 % Fett

2 EL **OLIVENÖL** (nativ)

1 TL **SENF** (mittelscharf)

1 **KNOBLAUCHZEHE**

2–3 EL **WEISSER BALSAMICO**

SALZ, PFEFFER aus der Mühle

ESSBARE BLÜTEN der Saison zum Garnieren (z. B. vom Löwenzahn)

ZEITHORIZONT FÜR DIE ZUBEREITUNG

ca. 20 Minuten

1 4 Scheiben Brot in Würfel schneiden und in Butter oder Olivenöl anrösten, abkühlen lassen.

2 Salat putzen, waschen in mundgerechte Stücke zupfen.

3 Mit den Kräutern ebenso verfahren.

4 Zwiebel häuten und in Halbmondstreifen schneiden.

5 Für die Salatmarinade die Knoblauchzehe in den Joghurt pressen und mit allen weiteren Zutaten vermischen. Mit Salz und Pfeffer abschmecken.

6 Salat mit Zwiebelstreifen und den abgekühlten Brotwürfeln auf Tellern anrichten und die Marinade darüber verteilen.

SOMMER

Juni / Juli / August

Nun werden auch die Nächte wärmer, das Leben verlagert sich nach draußen, die Natur schöpft aus dem Vollen und wir freuen uns auf vielerlei Freizeitaktivitäten. Um Johanni fliegen die Glühwürmchen und an warmen Tagen beginnen die Heuschrecken und Grillen zu zirpen, das Getreide auf den Feldern reift heran.

Beim Kochen sind jetzt eher leichte und schnelle Gerichte gefragt.

Nicht nur auf Wochenmärkten findet man jetzt eine große Auswahl an regional erzeugtem Obst und Gemüse – auch weniger bekanntes ist dabei wie z. B. italienischer Spargelkohl und vielerlei Sorten bunter Tomaten und Auberginen, die nicht immer dunkelviolett sein müssen. Regelrecht geflutet werden manche Gartenbesitzer im Juli und August von Zucchini und Salaten und die Schnecken bemühen sich mitzuhalten …

WAS HAT SAISON?

Die Liste der Sommergemüse ist lang:
Salate aller Art, Kohlrabi, Bohnen, Erbsen, verschiedene Kohlarten, Auberginen, Zucchini, Gurken, Tomaten, Paprika, Staudensellerie … um nur einige zu nennen.

Beim Obst beginnt die Erdbeerzeit, es folgen Johannisbeeren, Stachelbeeren, Brombeeren, Himbeeren, Heidelbeeren, Kirschen, Mirabellen, Pflaumen und die ersten Birnen und Äpfel werden auch reif. Weniger bekannt sind die Felsenbirne und die wilde Kirschpflaume. Die Früchte der Kirschpflaume sind von gelb bis violettrot gefärbt. Sie hat ein feinsäuerliches Aroma, geht aber nicht vom Stein. Zum Frischverzehr, für Fruchtaufstriche und Kompotte ist sie dennoch bestens geeignet. In einer bunten Hecke hat so ein Baum meistens Platz und verträgt selbst einen kräftigen Rückschnitt.

FESTE UND LOSTAGE IM SOMMER:

Siebenschläfertag, Johannistag, Mariä Himmelfahrt, Pfingsten fällt immer wieder in den Juni.

ZUTATEN FÜR 2 LAIBE

VORTAG
SAUERTEIG

100 g **WASSER** (handwarm)
65 g **WEIZEN TYPE 550**
35 g **ROGGENVOLLKORNMEHL**
1 TL **ANSTELLGUT ROGGEN**
(auch Weizen oder Dinkel möglich)

BACKTAG
HAUPTTEIG

880 g **WASSER** (handwarm)
SAUERTEIG VOM VORTAG
20 g **FRISCHHEFE**
20 g **HONIG**
30 g **SALZ**
200 g **ROGGENMEHL TYPE 997**
1200 g **WEIZENMEHL TYPE 550**
40 g **SONNENBLUMENÖL**

EQUIPMENT

GROSSE HEFETEIGSCHÜSSEL,
SCHNEEBESEN (nur für 2.),
2 GÄRKÖRBE

HAUSBROT

Das Besondere am Hausbrot ist der Mischmehl-Sauerteig aus Weizen- und Roggenmehl im Verhältnis 2:1. Auch in der Rezeptur überwiegt der Weizenmehlanteil, der hier bei knapp 85 % liegt, aber auch im selben Verhältnis wie im Sauerteig verwendet werden kann.
Das Brot hat eine krosse Kruste, die Krume ist elastisch und von eher grober Porung.
Ein Brot für alle Fälle, das u. a. prima geeignet ist für den Kirschmichel und Brotspieße. Deshalb als Rezept auch gleich die Menge für zwei Laibe. Es ist schneller weg, als man denkt …

ZEITHORIZONT FÜR DIE ZUBEREITUNG

VORTAG

Sauerteig: 10 Min.
Reifen: ca. 24 Std.
bei Zimmertemperatur

BACKTAG

Hauptteig: 60 Min.
+ Stockgare: ca. 2 Std.
+ Stückgare: ca. 30 Min.

BACKEN

Backofen vorheizen auf 230 °C, Ober- und Unterhitze.
Sofort bedampfen, bei 180 °C ca. 50 Min. backen.

ZUBEREITUNG

VORTAG

1 Sauerteig nach Anleitung (S. 22) herstellen.

BACKTAG

2 Für den Hauptteig den Sauerteig vom Vortag, Hefe, Honig und Salz in warmem Wasser auflösen und das Roggenmehl mit dem Schneebesen einrühren, bis eine homogene Masse entstanden ist.

3 Weizenmehl dazu geben und alles vermengen.

4 Erst wenn das Mehl komplett im Teig verschwunden ist, das Öl über den Teig gießen und gut einarbeiten.

5 Teig abgedeckt 15 Min. ruhen lassen, dann dehnen und falten, noch zweimal alle 15 Min. wiederholen. Abdecken und zur Stockgare beiseitestellen.

6 Teig aus der Schüssel auf die Arbeitsfläche geben, in 2 Stücke teilen.

7 Mit möglichst wenig Mehl und sehr sachte zu Laiben rundwirken, damit die Gärblasen nicht herausgedrückt werden.

8 Die beiden Laibe gut bemehlen, zur Stückgare in Gärkörbe legen (Schluss nach unten) und abdecken.

9 Backofen vorheizen.

10 Beide Laibe vorsichtig auf das heiße Blech stürzen, sofort bedampfen und nach Anleitung backen.

» Wer gerne experimentiert, kann sich hier austoben: z. B. Hefemenge halbieren und Stockgare verdoppeln oder Hefe ganz weglassen und dafür mit doppelt aufgefrischtem Sauerteig arbeiten, der mit 1 g Hefe angesetzt wird. Auch im Dutchoven gebacken liefert das Brot tolle Ergebnisse.

MEDITERRANES FLADENBROT

Dem türkischen Fladenbrot nachempfunden ist dies ein Brot für alle Fälle. Ob zum Grillen, zu Suppen, als Suppeneinlage (z. B. in der Milchsuppe – hier ohne Schwarzkümmel!), zur Brotzeit oder auch einfach nur mit Butter und Fruchtaufstrich – es ist immer ein Genuss. Durch die lange Teiggare bleibt es relativ lange frisch.
Das typische Aroma liefern Schwarzkümmel und Sesam, womit das Brot vor dem Backen bestreut wird.

ZUTATEN FÜR EINEN GROSSEN BROTFLADEN AUF EINEM BLECH ODER 2–4 KLEINERE FLADEN AUF 2 BLECHEN

VORTAG: VORTEIG

100 g **WEIZENMEHL TYPE 550**
100 g **WASSER** (kalt)
1 g **FRISCHHEFE**

BACKTAG: HAUPTTEIG

VORTEIG
365 g **WASSER** (handwarm)
3 g **FRISCHHEFE**
12 g **SALZ**
500 g **WEIZENMEHL TYPE 550**
30 g **OLIVENÖL**
SESAM, SCHWARZER KÜMMEL

EQUIPMENT

KLEINE SCHÜSSEL MIT DECKEL, GROSSE HEFETEIGSCHÜSSEL, (GROSSE) TEIGKARTE, BACKBLECH(E), BACKPAPIER, SPRÜHFLASCHE

ZEITHORIZONT FÜR DIE ZUBEREITUNG

VORTAG
Vorteig: 10 Min.
Reifen: 12–16 Std.
bei Zimmertemperatur
alternativ: 24 Std. bei 6–10 °C (in der kalten Jahreszeit praktisch)

BACKTAG
Hauptteig: 60 Min.
+ Stockgare: ca. 3–4 Std.
bei Zimmertemperatur

BACKEN
Backofen vorheizen auf 250 °C, Ober- und Unterhitze, Blech im unteren Drittel einschieben, sofort bedampfen. Bei 230 °C ca. 25 Min. backen.
Die letzten 5 Min. auf 200 °C Umluftfunktion umschalten, dann wird es besonders kross.

ZUBEREITUNG

VORTAG

1 Für den Vorteig in einer kleinen Schüssel die Hefe im Wasser auflösen und alles mit dem Mehl vermengen. 10 Min. Teigruhe, dann nochmals durchkneten und mit dem Deckel verschließen. Bei Zimmertemperatur mindestens 12 Std. reifen lassen

BACKTAG

2 Für den Hauptteig in der Hefeteigschüssel Hefe und Salz im warmen Wasser auflösen.

3 Den mit Gärblasen durchzogenen Vorteig einrühren.

4 Die Masse nun mit dem Mehl zu einem sehr weichen Teig verarbeiten.

Fortsetzung auf Seite 103 ➤

5 Das Öl zum Schluss darüber gießen und nur so lange kneten, bis es vom Teig aufgenommen wurde.

6 10 Min. Teigruhe.

7 Teig dehnen und falten und dies nach jeweils 10 Min. Teigruhe noch zweimal wiederholen.

8 Schüssel mit Deckel verschließen und zur Stockgare für ca. 3–4 Std. beiseitestellen.

9 Den Teig aus der Schüssel auf die reichlich bemehlte Arbeitsfläche (der Teig darf nicht ankleben!) fließen lassen.

10 Nun den Teig von den jeweils gegenüberliegenden Enden her wie ein Briefkuvert falten.

11 15 Min. Teigruhe, damit der Teig sich nochmal entspannt.

12 Den Teig mit den Händen und/oder einer Teigkarte vorsichtig auf das Backpapier heben. Dabei nochmals auf ausreichend Mehl unter dem Teig achten, damit er nicht anklebt.

13 Nun mit den Händen unter das Teigstück fassen und es von unten her vorsichtig gleichmäßig auf Blechgröße ausziehen. Die Luft soll dabei nicht aus dem Teig gedrückt werden.

14 Dann reichlich mit lauwarmem Wasser besprühen, mit der Teigkarte oder auch den Fingerspitzen Muster in den Teig drücken und dünn mit Sesam oder Schwarzkümmel bestreuen.

15 Den Teig nochmals ca. 10 Min. ruhen lassen.

16 Inzwischen den Backofen vorheizen auf 250 °C.

17 Nach Anleitung backen.

» VARIANTEN

Das Wasser kann man zur Hälfte durch Milch (3,5 %) ersetzen. Das ergibt ein etwas anderes Aroma.
Aus dem Teig lässt sich auch ein wunderbares Brot backen, das nicht nur in der Milchsuppe köstlich schmeckt, sondern sich z. B. auch gut toasten oder zu Armen Rittern verarbeiten lässt.
Dazu faltet man den Teig (ab Punkt 10) nur einmal über die Mitte, rollt ihn weiter, bis er auf dem Ende liegt, und legt den Teigling dann auf Backpapier direkt auf das im Backofen vorgeheizte Blech. Die Backdauer erhöht sich dann auf etwa 50 Min. bei nur 180–200 °C.

ZUTATEN FÜR 8 DÜNNE FLADEN MIT CA. 25–30 CM Ø:

300 g **WEIZENMEHL TYPE 550**
200 g **WASSER** (lauwarm)
6 g **SALZ**
1 EL **OLIVENÖL**

EQUIPMENT

TEIGROLLER, PFANNENWENDER, EINE BESCHICHTETE ODER GUSSEISERNE PFANNE IST VON VORTEIL

TIPP

Der Teig kann schon mehrere Stunden vor dem Backen zubereitet werden. Bis dahin in einer Schüssel mit Deckel aufbewahren.

PFANNEN-FLADENBROT

Hauchdünne Fladenbrote sind bei uns unter verschiedenen Namen mehr oder weniger bekannt. Lavash findet überwiegend in der armenischen, aserbaidschanischen, türkischen, kurdischen und persischen Küche, aber auch in Georgien Verwendung. Das trockene Lavash wird als Hostie in der armenischen Kirche verwendet.
Ähnlich in der Zubereitung sind Yufkabrot, Wrap und mexikanische Tortilla. Allen gemein ist die Tatsache, dass es sich um ungesäuertes Brot handelt – d. h. weder Sauerteig noch Hefe sind in der Rezeptur vorgesehen. Fladenbrot stellt die früheste Entwicklungsform von Brot dar und wurde ursprünglich nur aus Getreide, Wasser und Salz hergestellt. Im Prinzip ist Fladenbrot auf Stein gebackener Getreidebrei. So einfach die Herstellung, so vielfach ist seine Verwendung noch heute in der Ernährung.
Quellenverweis: Museum Brot und Kunst, Ulm

ZEITHORIZONT FÜR DIE ZUBEREITUNG

Teigzubereitung: ca. 60 Min.
+ Ausbacken in der Pfanne

1 Wasser in eine Schüssel geben, Salz einrühren, Mehl dazugeben und mischen, bis das Mehl gebunden ist.
Den Teig 10 Min. quellen lassen.

2 Olivenöl dazugeben und den Teig nochmals durcharbeiten, bis eine geschmeidige, weiche Teigkugel entstanden ist. Der Teig sollte jetzt nicht mehr an den Fingern kleben. Abgedeckt 15 Min. ruhen lassen.

3 Teig übereinanderschlagen und auf die bemehlte Arbeitsfläche legen. In 8 gleich große Stücke (je 65 g) teilen, zu Kugeln formen (rund schleifen).

4 Die Arbeitsfläche gut bemehlen, eine Kugel nehmen, flach drücken und beidseitig gut mit Mehl bestäuben. Mit einem Teigroller ausrollen, immer wieder den Teig wenden, ggf. mit Mehl bestäuben (er darf nicht ankleben) und weiter so dünn wie möglich ausrollen und mit den Händen zu einem schönen runden Kreis von ca. 25–30 cm (je nach Pfannendurchmesser) ziehen. In der Pfanne bei mittlerer Hitze von jeder Seite für ca. 30–40 Sekunden backen. Dabei den Fladen immer wieder wenden, damit er von beiden Seiten schöne große Luftblasen wirft. Fertige Fladen auf einen Teller legen und sofort mit einem Küchentuch zudecken, damit sie nicht austrocknen. So fortfahren, bis alle Teiglinge ausgebacken sind.

5 Lässt man das Brot trocknen, ist es vergleichbar mit Knäckebrot monatelang haltbar und u. a. prima geeignet zum Dippen.

6 Die Fladen lassen sich auch gut einfrieren. Es lohnt also, gleich einen größeren Vorrat herzustellen.

Mit rescher Kruste und grobporiger, aromatischer Krume kommt dieses, dem französischen Baguette nachempfundenen Stangenbrot daher. DerTeig lässt sich auch wunderbar zu kleinen Baguettesemmeln oder Partybrötchen verbacken. Die Teigführung ist unkompliziert und in das Formen der Stangen findet man sich schnell hinein.

» Einfach ausprobieren!

ZUTATEN FÜR 3 STANGEN

250 g **WASSER** (handwarm)
7 g **SALZ**
2 g **FRISCHHEFE**
10 g **HONIG**
60 g **WEIZENMEHL TYPE 1050**
310 g **WEIZENMEHL TYPE 550**

EQUIPMENT

HEFETEIGSCHÜSSEL, BÄCKERLEINEN BZW. LEINENTUCH, ggf. KIPPDIELE,

BACKFOLIE, BACKBLECH ODER BAGUETTEBLECH

RASIERKLINGE ODER SEHR SCHARFES MESSER ZUM EINSCHNEIDEN

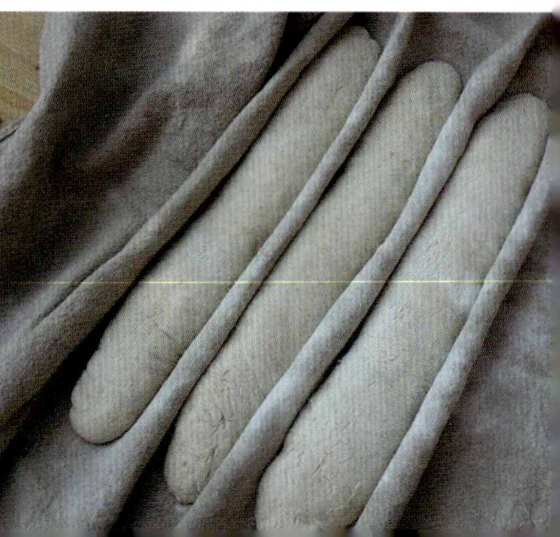

FRANZOSENBROT

TIPP
Ein sehr gut erklärendes Video zum Baguette Formen findet sich unter: www.ploetzblog.de/tipps-und-tricks/videoanleitungen-zum-brotbacken/

ZEITHORIZONT FÜR DIE ZUBEREITUNG

Teigzubereitung: 40 Min.
+ Stockgare: 12–16 Std.
+ Stückgare: 15 + 45 Min.
bei Zimmertemperatur

BACKEN
Backofen vorheizen auf 250 °C, Ober- und Unterhitze, sofort reichlich bedampfen, bei 230 °C 20–25 Min. backen bis die Stangen goldbraun sind.

ZUBEREITUNG

VORTAG

1 Wasser in die Schüssel geben. Salz, Hefe und Honig darin auflösen.

2 Mehl einarbeiten.

3 10 Min. Teigruhe.

4 Teig nochmals durchkneten.

5 Abdecken und zur Stockgare beiseitestellen.

BACKTAG

6 Teig durch dehnen und falten straffen.

7 Auf die bemehlte Arbeitsfläche stürzen, in drei Stücke teilen und die Teigstücke einzeln aufrollen.

8 15 Min. abgedeckt entspannen lassen.

9 Die langen Seiten der Teiglinge mit zwei Händen von außen zur Mitte hin einrollen und andrücken, erst von der einen, dann von der anderen Seite und dann noch ein drittes Mal wieder von der ersten Seite. Die Hände dabei ggf. immer wieder leicht bemehlen.

10 Die Teigstücke nun mit beiden Händen auf der leicht bemehlten Arbeitsfläche hin und her langrollen. Dabei ggf. leicht nach außen ziehen, bis auf die für das Backblech passende Länge. Enden spitz rollen.

11 Teigstangen mit Schluss nach oben zur Stückgare auf das leicht bemehlte Bäckerleinen legen und abdecken. Stoff zwischen den Teiglingen raffen, damit wird das Auseinanderfließen des Teiges verhindert (alternativ: Stückgare direkt auf einem Baguetteblech).

12 Die aufgegangenen Teigstangen mit Schluss nach unten auf das Blech legen. Perfekt klappt das mit einer Kippdiele, einem langen, schmalen Brett, auf das der Teigling hinauf und auf das Blech hinuntergerollt wird. Die Anschaffung lohnt, will man öfter Stangenbrot backen. Alternativ bekommt man die Teiglinge aber auch mit dem beherzten, blitzschnellen Griff zweier bemehlter Hände aufs Blech.

13 Teigstangen mit einer Rasierklinge einschneiden. Blech sofort in den Ofen schieben, mäßig bedampfen und nach Anleitung backen.

GLASLBROT

TIPP
So ein Glaslbrot ist ein nettes Geschenk oder Mitbringsel.

Als Backform für Brote lassen sich auch Einmachgläser verwenden. Das funktioniert perfekt, nimmt man sogenannte Sturzgläser, deren Öffnung einen größeren Durchmesser hat als der Boden. So kann man tolle, saftige Vollkornbrote backen, die mehrere Wochen haltbar sind.

ZUTATEN FÜR 6 GLÄSER À 0,75 l ODER 8 GLÄSER À 0,5 l

VORTAG

KOCHSTÜCK

200 g **GETREIDEKÖRNER** z.B. Dinkel, Rotkornweizen, Emmer, Einkorn

300 g **WASSER** (kalt)

SAUERTEIG

105 g **WASSER**

95 g **ROGGENVOLLKORNMEHL**

10 g **ANSTELLGUT ROGGEN**

QUELLSTÜCK

50 g **SONNENBLUMENKERNE**

50 g **HAFERFLOCKEN GROSSBLATT**

50 g **LEINSAMEN**

150 g **WASSER** (kalt)

BACKTAG

HAUPTTEIG

470 g **WASSER** (handwarm)

16 g **SALZ**

8 g **FRISCHHEFE**

2 TL **BRAUNER ROHRZUCKER**

SAUERTEIG

KOCHSTÜCK

QUELLSTÜCK

300 g **DINKELMEHL TYPE 630**

420 g **ROGGENVOLLKORNMEHL**

BUTTER zum Fetten der Gläser

HAFERFLOCKEN KLEINBLATT zum Ausstreuen der Gläser

EQUIPMENT

GLÄSER MIT DECKEL, ggf. GUMMIRING UND KLEMMEN IN AUSREICHENDER MENGE

GROSSE HEFETEIGSCHÜSSEL, KLEINERE SCHÜSSEL MIT DECKEL, TOPF MIT DECKEL

ZEITHORIZONT FÜR DIE ZUBEREITUNG

VORTAG
Vorteig: 40 Min.
Reifen: 12–24 Std.
bei Zimmertemperatur

BACKTAG
Hauptteig: 30 Min.
+ Stockgare: 60 Min.
+ Stückgare: im Glas 2–3 Std.
bei Zimmertemperatur

BACKEN
Gläser in den kalten Backofen stellen, Ober- und Unterhitze bei 150 °C 2 Std. backen.

Fortsetzung auf Seite 111 ➤

Alles Liebe

ZUBEREITUNG

VORTAG

1 Für das Kochstück in einem Topf die Getreidemischung mit dem kalten Wasser aufsetzen. NICHT salzen!
Zum Kochen bringen, Hitze reduzieren und auf kleiner Stufe (wie beim Kochen von Reis) bei geschlossenem Deckel 40 Min. köcheln lassen. Ggf. einmal umrühren. Auskühlen lassen.

2 Währenddessen Sauerteig nach Anleitung (S. 22) zubereiten.

3 Für das Quellstück zunächst die Sonnenblumenkerne mit den Haferflocken in einer Pfanne ohne Fett leicht anrösten. In eine Schüssel das Wasser geben, die gerösteten Kerne und Flocken sowie den Leinsamen hineingeben und gut umrühren. Verschließen und beiseitestellen.

BACKTAG

4 Wasser in die Schüssel geben und Salz, Hefe und Zucker darin auflösen.

5 Kochstück, Quellstück und Sauerteig vom Vortag und das Dinkelmehl dazugeben und einrühren.

6 Roggenvollkornmehl einarbeiten.

7 15 Min. Teigruhe.

8 Nochmals alles durchkneten.

9 Zur Stockgare für ca. 1 Std. beiseitestellen.

10 Teig mit Mehl bestäuben, vom Schüsselrand lösen und auf die Arbeitsfläche stürzen.

11 Oberseite nochmals mit wenig Mehl bestäuben.

12 Das Teigstück nun für die Gläser in entsprechende Stücke teilen und diese zu Zylindern formen (siehe Bild).

13 Gläser in der unteren Hälfte mit Butter einpinseln und in jedes Glas 1 TL Haferflocken streuen.
Glas jeweils drehen, bis die Flocken an Wänden und Boden haften.

14 Die Teigzylinder vorsichtig in die Gläser setzen, leicht hineindrücken.
Der Teig darf das Glas nur bis maximal ⅔ ausfüllen.
Bei 500-ml-Gläsern entspricht das einer Teigmenge von ca. 300 g, bei 750-ml-Gläsern passen ca. 400 g hinein.

15 Deckel auflegen und die Gläser zur Stückgare für 2–3 Std. beiseitestellen.

16 Gläser mit Deckel in den kalten Backofen stellen und nach Anleitung backen.

17 Für die letzten 5 Min. die Deckel herunternehmen, damit sich beim Auskühlen möglichst wenig Kondenswasser bildet.
Sofort nach dem Backen die Gläser einzeln aus dem Ofen nehmen, die in Essigwasser ausgekochten Gummiringe unter die Deckel platzieren und mit Klammern fixieren.
Vorsicht heiß!
Die Gläser nochmals für ca. 5 Min. in den auskühlenden Ofen (bei mind. 90 °C) stellen.

Kondenswasser, das jetzt evtl. noch im Glas ist, wird vom Brot wieder aufgenommen.

ZUTATEN FÜR 8–10 FEUERBROTE

290 g **WASSER** (handwarm)
10 g **FRISCHHEFE**
10 g **SALZ**
500 g **WEIZENMEHL TYPE 550**
1 EL **PFLANZENÖL**

EQUIPMENT

HOLZSTÖCKE

FEUERBROT
(Stockbrot)

Wer gerne am Lagerfeuer sitzt, kann dieses auch gleich zum Brotbacken nutzen. Vor allem Kinder lieben diesen Spaß. Den Teig und auch die Stöcke sollte man mit ihnen gemeinsam vorbereiten. Als „Brothalter" eignen sich am besten Ruten von Weide oder Hasel. Sie sollten mindestens 60–80 cm lang sein, damit genug Abstand zum Feuer eingehalten werden kann.
Den Teil vom Stock, um den der Brotteig gewickelt wird (ca. 15 cm), befreit man von der Rinde. Mit Kindern ist die Stückgare meist nicht machbar (auch wenn der Teig dadurch deutlich lockerer würde – deshalb im Rezept nur in Klammern), schon das gleichmäßige Backen am Feuer ist eine Geduldsprobe.
Man kann Stockbrote auch im Backofen machen, als schmackhaftes Mitbringsel zu einem Grillabend oder essbare Tischdekoration (anstatt Blumenstrauß). In diesem Fall werden die Stöcke auf Backblechmaß geschnitten. Vor dem Genuss legt man das Feuerbrot kurz auf den Grill.

ZEITHORIZONT FÜR DIE ZUBEREITUNG

Teigzubereitung: 20 Min.
+ Stockgare: ca. 2–3 Std.
(+ Stückgare: 20 Min.)
bei Zimmertemperatur

BACKEN

Backen über dem offenen Feuer mit ausreichend Abstand und unter ständigem Drehen der Stöcke ca. 15 Min.
alternativ:
Backofen vorheizen auf 250 °C, Ober- und Unterhitze, Blech im unteren Drittel einschieben, bei 230 °C ca. 20 Min. backen (ggf. einmal umdrehen).

ZUBEREITUNG

1 In der Schüssel Hefe und Salz im warmen Wasser auflösen.

2 Mehl dazugeben und zu einem mittelfesten Teig verarbeiten.

3 Zum Schluss das Öl zum Teig geben und gut durchkneten, bis es vom Teig vollständig aufgenommen ist.

4 15 Min. Teigruhe.

5 Teig nochmals durchkneten.

6 Schüssel mit Deckel verschließen und zur Stockgare beiseitestellen, bis sich das Volumen verdoppelt hat.

7 Teig aus der Schüssel auf die bemehlte Arbeitsfläche geben, in 8–10 Stücke teilen und zu Teigkugeln einschlagen.

8 10 Min. entspannen lassen.

9 Mit beiden Händen und wenig Mehl die Kugeln auf der Arbeitsfläche zu etwa 40 cm langen Strängen ausrollen.

10 Diese werden um den rindenfreien Teil des Stocks gewickelt. Wichtig: Anfang und Ende sehr gut einschlagen und festdrücken, damit sich der Teig nicht vom Stock lösen kann.

11 Nach Anleitung backen.

KIRSCHENMICHEL

Kirschenzeit ist Michelzeit. Für diese traditionelle Süßspeise, die man in Franken und Südbayern kennt, gibt es viele Rezepte. Milch, Eier und Butter gehören immer dazu.
Für den Teig verwendet man altbackenes Brot und Semmeln und schafft mit wenigen weiteren Zutaten eine neue Köstlichkeit. Meist kommt der Kirschenmichel als süßes Hauptgericht auf den Tisch, schmeckt aber auch als Dessert bzw. zu einer Tasse Kaffee oder Tee. Dazu passen Vanillesoße oder Vanille- und auch Schokoeis.

» Am besten gleich die doppelte Menge machen und Freunde, Kollegen oder Nachbarn dazu einladen.

ZUTATEN FÜR 4–6 PERSONEN

375 g **ALTBACKENE BROT- UND SEMMELRESTE** – am besten gemischt
ca. 375 ml heiße **MILCH**
4 **EIER** (M)
4 EL **DINKELMEHL TYPE 630** (auch Weizenmehl)
3 EL **BRAUNER ROHRZUCKER**
1 EL **ZIMTZUCKER**
½ **ZITRONE** (Schale)
40 g **BUTTER**
375 g **FRISCHE SÜSSKIRSCHEN**

EQUIPMENT

BRATENREINE ODER BACKFORM, KIRSCHENENTSTEINER, REIBE ODER ZESTENSCHNEIDER

ZEITHORIZONT FÜR DIE ZUBEREITUNG

ca. 60 Minuten
+ Quellzeit für die Brotmasse

BACKEN
Backofen vorheizen auf 180 °C Ober- und Unterhitze, ca. 45 Min. backen.

ZUBEREITUNG

1 Brot/Semmeln in feine Scheiben schneiden und in eine Schüssel geben.

2 Die Milch erhitzen, darübergießen und umrühren.

3 Von der Zitrone die Hälfte der Schale abreiben/schneiden und mit den Eiern, Mehl, Zucker und Zimtzucker unter die Brotmasse rühren.

4 Ca. 30 Min. quellen lassen (ggf. länger, wenn das Brot schon sehr hart war).

5 In der Zwischenzeit die Kirschen waschen, Stiele entfernen und entsteinen.

6 Backofen vorheizen, Backform mit der Hälfte der Butter einfetten.

7 Entsteinte Kirschen vorsichtig unter die Brotmasse heben und den Teig in die Form geben.

8 Die restliche Butter in Flocken darüber verteilen.

9 Backform in den Ofen schieben und backen.

TIPP
Köstlich auch
mit Sauerkirschen,
Aprikosen und
Stachelbeeren.

KNOBLAUCH-CREMESUPPE

TIPP
Knoblauchgeruch im Mund wird man durch Kauen auf Salbei, Minze oder Ingwer wieder los.

Knoblauch ist gesund! Er wirkt antibakteriell, ist gut für Herz, Kreislauf, Blut, Darm und vieles mehr.
Nicht nur in der Mediterranen Küche ist er ein nicht wegzudenkendes Gemüse und Gewürz.
Knoblauchcremesuppe ist in Ungarn ein beliebtes Gericht und regelmäßiger Bestandteil des Speisezettels.

ZUTATEN FÜR 4 PERSONEN

1 große Knolle **FRISCHER KNOBLAUCH**
1 **ZWIEBELN** (ca. 200 g)
100 g **BUTTER**
1 l **GEMÜSEBRÜHE**
2 EL **WEIZEN-** oder **DINKELMEHL**
200 g **EDAMER** oder anderer milder Käse
8 Scheiben **WEISSBROT**
200 ml **SCHMAND** oder **SAHNE**
WEISSER PFEFFER, KRÄUTERSALZ
Ein paar Stängel **PETERSILIE** oder andere **FRISCHE KRÄUTER**

EQUIPMENT

PÜRIERSTAB/MIXER, KÄSEREIBE

ZEITHORIZONT FÜR DIE ZUBEREITUNG

ca. 30 Minuten

1 Zwiebel und Knoblauch schälen und würfeln.

2 50 g Butter schmelzen, Zwiebeln und Knoblauch glasig dünsten – nicht anbraten!

3 Gemüsebrühe angießen.

4 Mehl mit etwas kaltem Wasser anrühren und dazugeben, sofort gut umrühren und 20 Min. köcheln lassen.

5 In der Zwischenzeit den Käse reiben und das Weißbrot in mundgerechte Stücke schneiden, in einer Pfanne die restliche Butter zerlassen und die Brotwürfel darin kurz anrösten.

6 Suppe fein pürieren, noch einmal kurz aufkochen lassen.

7 Den Schmand einrühren, abschmecken mit weißem Pfeffer und Kräutersalz. Jetzt nicht mehr aufkochen lassen!

8 Suppe mit Käse, Brotwürfeln und frischen Kräutern anrichten.

KALTE GURKENSUPPE

Kalte Suppen sind typische Gerichte der heißen Länder am Mittelmeer. Die Suppen erfrischen, beleben durch ihre Mineralstoffe und haben wenig Kalorien. Man könnte auch sagen, sie sind flüssiger Salat.
Pur oder mit Brot sind sie an heißen Tagen immer ein Genuss. Praktisch: Sie sind blitzschnell zubereitet und können gut einige Stunden in der Kühlung stehen, lassen sich also auch gut für einen genussvollen Grillabend vorbereiten.

ZUTATEN FÜR 4 PERSONEN

1000 g **FRISCHE GURKEN**
800 g **JOGHURT** oder **AYRAN**
2–4 **KNOBLAUCHZEHEN**
2 EL **ZITRONENSAFT**
1 Stängel **MINZE**
KRÄUTERSALZ
BUNTER PFEFFER aus der Mühle
KURKUMAPULVER
KREUZKÜMMEL

EQUIPMENT

SPARSCHÄLER,
MIXER/PÜRIERSTAB

ZEITHORIZONT FÜR DIE ZUBEREITUNG

ca. 15 Minuten

1 Gurken waschen, schälen (bei jungen Gurken kann die Schale auch mit verwendet werden) und würfeln.

2 Knoblauch schälen, sehr fein hacken, bei der Minze die Blätter vom Stängel zupfen und zerkleinern, mit Zitronensaft in den Joghurt mischen.

3 Gurken dazugeben – alles mixen bzw. fein pürieren.

4 Die Suppe mit Kräutersalz und Pfeffer abschmecken. (Bei der Verwendung von Ayran bedenken, dass dieser bereits Salz enthält!)

5 Suppe pro Portion mit je einer Messerspitze Kurkuma, Kreuzkümmel, Pfeffer und Minzeblättern garnieren.

TIPP
Geeignete Kräuter sind auch frischer Koriander, Dill oder Petersilie. Für Kenner mögliche Wildkräuter: Gundermann, Giersch oder Wilde Möhre.

KALTES FEUER

ZUTATEN FÜR 4 PERSONEN

1000 g **TOMATEN**
2–3 **PAPRIKASCHOTEN**
200 g **ZUCCHINI** (oder Gurken)
1 **ROTE ZWIEBEL**
2–4 **KNOBLAUCHZEHEN**
4 EL **OLIVENÖL**
2 EL **ROTWEINESSIG**
2 TL **ZUCKER** (oder Honig)
SALZ, PFEFFER, CHILI
etwas **MUSKATNUSS GERIEBEN**
FRISCHER BASILIKUM

EQUIPMENT

MIXER/PÜRIERSTAB

Tomaten, Paprika, Zucchini und andere Sommergemüse sind im Juli und August in Fülle frisch und in bester Qualität zu bekommen. Baut man diese selbst im Garten an, droht man zu dieser Zeit mitunter davon überschwemmt zu werden. Da heißt es alle Register ziehen, die köstlichen Schätze frisch genießen und für die kalte Jahreszeit haltbar machen.
Diese Suppe ist ein Genuss, ähnlich der andalusischen Gazpacho und im Kühlschrank sogar mehrere Tage haltbar.
Doch nicht aufgegessen? Kein Problem!
Die Suppe aufkochen und zum Konservieren heiß in Gläser mit Twist-Off Deckel füllen. Sie ist eine wunderbare Basis für die Weiterverarbeitung zu Soßen für Nudelgerichte, wie Spaghetti oder Lasagne und schmeckt in der kalten Jahreszeit auch einfach als warme Suppe. Perfekt dazu passen für beide Varianten in Olivenöl geröstete Brotwürfel.

TIPP
Man kann die Suppe sofort frisch genießen. Lässt man sie einige Stunden gekühlt ziehen, baut das Aroma noch aus.

ZEITHORIZONT FÜR DIE ZUBEREITUNG

ca. 30 Minuten

1 Tomaten waschen und Strunk entfernen. Falls die Schale sehr hart ist ggf. häuten (dazu die Schale kreuzweise einritzen, mit kochendem Wasser überbrühen, abschrecken und die Haut abziehen).

2 Paprika und Zucchini putzen, waschen und würfeln.

3 Zwiebel und Knoblauch schälen, würfeln.

4 Alle Zutaten mit Olivenöl, Rotweinessig und Zucker mixen/pürieren.

5 Mit Salz, Kräutern und Gewürzen abschmecken.

ZUTATEN FÜR 4 PERSONEN

500 g **RINDERWADE / RINDFLEISCH**
2 **ZWIEBELN** (ca. 200 g)
4 **KNOBLAUCHZEHEN**
2 **PAPRIKASCHOTEN** rot und gelb
4 **KARTOFFELN** (ca. 400 g)
2 **KAROTTEN**
2 EL (3 EL) **SCHWEINESCHMALZ** (oder Bratöl)
800 ml **GEMÜSEBRÜHE**
400 ml **PÜRIERTE TOMATEN**
1 **LORBEERBLATT**
1 gehäufter EL **PAPRIKA EDELSÜSS**
1 TL **KÜMMEL**
je etwas **THYMIAN, MAJORAN, ROSMARIN**
SALZ, PFEFFER
SCHARFER PAPRIKA
200 g **SCHMAND**
1 **KNOBLAUCHZEHE**

GULASCHSUPPE
ungarische Art

In eine gute Gulaschsuppe gehören Äpfel und Birnen! Wie bitte?
Die Rede ist von Paradiesäpfeln – im südlichen Raum der deutschen Sprache auch Paradeiser genannt – und „Äbirn" (Erdbirnen) wie meine oberpfälzer Oma sagte.
Gemeint sind Tomaten und Kartoffeln, die erst nach der Entdeckung Amerikas auf unseren Kontinent gelangten. Heute von unserem Speisezettel kaum noch wegzudenken stand die hiesige Bevölkerung speziell der Kartoffel lange Zeit äußerst skeptisch gegenüber, bis Friedrich der Große mit seinen Kartoffelbefehlen Mitte des 18. Jahrhunderts ihren Anbau anordnete.

ZEITHORIZONT FÜR DIE ZUBEREITUNG

Vorbereitung: 30 Min.
Kochzeit: 1½ – 2 Std.

ZUBEREITUNG

1 Rindfleisch in kleine Würfel schneiden.

2 Alles Gemüse waschen, putzen, Zwiebeln häuten, Kartoffeln schälen.

3 Zwiebeln und Knoblauch klein würfeln.

4 Paprika, Karotten und Kartoffeln in kleine Stücke schneiden (ca. 2 – 3 cm).

5 In einem großen Topf das Fleisch im Fett scharf anbraten.

6 Zwiebeln dazugeben und kurz mitbraten.

7 Knoblauch, Karotten, Paprika und Tomatenpüree dazugeben.

8 Gemüsebrühe angießen und umrühren.

9 Suppe mit den angegebenen Zutaten würzen und mit Salz abschmecken. Kümmel verwende ich bevorzugt ganz oder frisch gemörsert.
Von den Kräutern kann man auch frische Zweiglein hineingeben, die man später wieder herausfischt. Alle drei sparsam verwenden, da sie ein kräftiges Aroma besitzen.

10 Suppe einmal richtig aufkochen, dann die Hitze reduzieren, dass es gerade so köchelt.

11 Die Suppe mit geschlossenem Deckel 60 Min. köcheln lassen und dabei gelegentlich umrühren.

12 Dann die Kartoffeln zugeben.

13 Weitere 30 bis 45 Min. unter gelegentlichem Umrühren köcheln lassen, bis das Fleisch und die Kartoffeln weich sind.

14 In der Zwischenzeit den Schmand mit einer fein gehackten Knoblauchzehe anrühren und mit Salz und Pfeffer abschmecken.

15 Suppe nochmals abschmecken, mit dem Schmand und frischen Kräutern anrichten und dazu frisches Brot reichen.

KRÄUTER-BLÜTEN-BUTTER

Kräuterbutter ist eine perfekte Begleitung für frisch gebackenes Brot, kurzgebratenes Fleisch oder Grillgemüse. Besondere Aromen zaubern Wildkräuter und Blüten hinein.

ZUTATEN

250 g **BUTTER**

SALZ, PFEFFER aus der Mühle

1 Handvoll **KRÄUTER** z. B. Giersch, Schafgarbe, Rosmarin, Salbei, Löwenzahnblätter, Petersilie, Oregano, Zitronenmelisse, Spitzwegerich, Wiesenlabkraut, Rucola, Gundermann …

1 Handvoll **ESSBARE BLÜTEN** z. B. von Rose, Frauenmantel, Salbei, Wiesenstorchschnabel, Zwiebelblüten, Gewürztagetes, Sonnenblume, Glockenblume, Löwenzahn, Nachtkerze, Taglilie …

1 Zehe **KNOBLAUCH** (sofern keine Zwiebelblüten vorhanden)

EQUIPMENT

GROSSES SCHARFES MESSER bzw. WIEGEMESSER

ZEITHORIZONT FÜR DIE ZUBEREITUNG

ca. 20 Minuten

1 Butter bei Zimmertemperatur weich werden lassen.

2 Alle Kräuter und Blüten fein hacken – einige zum Garnieren aufheben – und unter die weiche Butter mischen. Mit etwas Salz und Pfeffer abschmecken, kühl stellen.

TIPP
Diese Kräuterbutter lässt sich sehr gut auf Vorrat herstellen und einfrieren.

BEEREN-SANDWICH

Wer es gerne fruchtig-süß mag, aber auf Zucker weitgehend verzichten möchte, wird an dieser Kreation Gefallen finden. Statt Butter und Marmelade geben frische Beeren und Früchte in einer einfach und schnell zubereiteten Quarkfüllung den Ton an. Der kleine Snack schmeckt zum Frühstück, Kaffee/Tee oder auch als Nachtisch.
Neben Erdbeeren und verschiedenen Himbeeren sind hier die Früchte der Gemeinen Felsenbirne im Bild zu sehen. Die Auswahl an heimischen Früchten – wild oder kultiviert – ist vom zeitigen Sommer bis spät in den Herbst groß.

ZUTATEN FÜR 4 PERSONEN

8 Scheiben **BROT** nach Wahl (z. B. Buttermilchkugel oder Joghurttoast)
500 g **QUARK** (20 % Fett i. Tr.)
etwas **MILCH**
1 EL **HONIG**
500 g **BEEREN/FRÜCHTE** nach Saison
4 Stängel **MINZE**
optional **VANILLE, HASELKROKANT, RASPELSCHOKOLADE**

EQUIPMENT

SCHNEEBESEN

ZEITHORIZONT FÜR DIE ZUBEREITUNG

ca. 30 Minuten

1 Beeren bzw. Früchte putzen, waschen und in einem Sieb gut abtropfen lassen.

2 In einer Schüssel Quark und Honig mit wenig Milch aufschlagen. Die Masse darf nicht zu flüssig werden, da sie sonst vom Brot rinnt.

3 Brotscheibe auf einen Teller legen, mit Quark bestreichen, Früchte darauf verteilen, mit weitere Brotscheibe abdecken und den Vorgang wiederholen.

4 Mit Früchten und Minzeblättern dekorieren.

TIPP
Dieses Rezept ist als Anregung zu verstehen. Lassen Sie Ihrer Kreativität freien Lauf!

BRUSCHETELLA

TIPP
Statt in der Pfanne kann das Brot auch im Backofen oder dem Toaster (hier erst danach mit Öl beträufeln!) angebacken werden.

Meine Variante vom bekannten Bruschetta. Ob als Vorspeise oder schnelle Brotzeit – immer köstlich. Wichtig: Die Tomaten müssen vollreif sein.
Besonders aromatisch und hervorragend geeignet sind z. B. die Fleischtomate „Ochsenherz" oder „Berner Rose". Diese und weitere wenig bekannte Sorten sind häufig druckempfindlich und deshalb meist nur auf Märkten oder direkt beim Gemüseanbauer zu bekommen. Selbst anbauen ist eine Alternative.

ZUTATEN FÜR BRUSCHETELLA ALS VORSPEISE FÜR 4 PERSONEN

4 Scheiben **WEISSBROT** (z. B. Pane perfetto)
8 EL **OLIVENÖL**
4 **FLEISCHTOMATEN** (rot, gelb)
1 **MOZZARELLAKUGEL**
2 **KNOBLAUCHZEHEN** (ca. 150 g)
1 Kleine **ROTE ZWIEBEL**
BASILIKUM
1 EL **BALSAMICO BIANCO**
SALZ
PFEFFER aus der Mühle

ZEITHORIZONT FÜR DIE ZUBEREITUNG

ca. 30 Minuten

1 Tomaten waschen, vom Strunk befreien, halbieren und dann in kleine Würfel schneiden.

2 Knoblauch schälen, sehr fein hacken.

3 Mozzarella abtropfen lassen, in kleine Würfel schneiden.

4 Tomaten, Knoblauch und Mozzarella mischen, mit etwas Olivenöl, Essig, Salz und Pfeffer abschmecken, kühl stellen.

5 Brotscheiben ggf. halbieren, auf beiden Seiten mit Olivenöl beträufeln, in der Pfanne goldfarben anrösten.

6 Die Scheiben auf Teller legen, die marinierten Mozzarella-Tomaten auf die Brotscheiben verteilen, mit Zwiebelhalbmondstreifen und Basilikum anrichten.

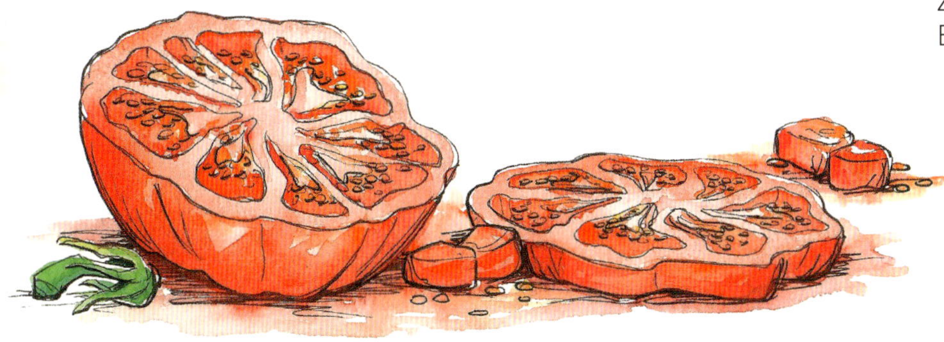

AUBERGINENTATAR
mit Joghurtsoße

Fruchtig-würzig erinnert dieses schnelle Sommergericht an Gaumenfreuden aus 1001er Nacht. An alle, die mit Auberginen eher weniger „am Hut" haben: Ein Versuch lohnt!
Die Unterlage dazu kennt man auch als Wrap, mexikanische Tortilla, Yufkabrot oder Lavash. Man kann sie im Handel kaufen oder auch mit dem hier im Buch beschriebenen Rezept sehr einfach selbst herstellen. Das Rezept ist als dünner Belag zum Aufrollen der Fladen ausreichend. Für mehr Gemüsegenuss empfiehlt sich die doppelte Menge!

ZUTATEN FÜR 4 PERSONEN

8 **PFANNEN-FLADENBROTE**
50 g **PINIENKERNE**
3 **AUBERGINEN** (ca. 300 g)
3 **KNOBLAUCHZEHEN**
50 g **OLIVENÖL**
3 **TOMATEN** (ca. 300 g)
½ Bund **PETERSILIE**
SALZ, PAPRIKA, CHILI
optional **SALBEI, ROSMARIN, KREUZKÜMMEL**

FÜR DEN DIP

250 g **GRIECHISCHER JOGHURT**
2 **KNOBLAUCHZEHEN**
PFEFFER aus der Mühle, **SALZ**

ZEITHORIZONT FÜR DIE ZUBEREITUNG

ca. 45 Minuten (ohne Brot)

Damit er noch etwas durchziehen kann, empfiehlt es sich, den Dip zuerst herzustellen:

1 Dazu den Knoblauch nach Geschmack pressen oder sehr fein hacken (gepresster Knoblauch schmeckt meist schärfer).

2 In den Joghurt einrühren und mit Salz, Pfeffer und etwas Honig abschmecken und abgedeckt ziehen lassen.

3 Pinienkerne in der Pfanne hellbraun anrösten. Aus der Pfanne nehmen und abkühlen lassen.

FÜR DAS TATAR

4 Gemüse und Kräuter waschen und putzen.

5 Auberginen in kleine Würfel schneiden.

6 Knoblauchzehen fein hacken.

7 Beides zusammen mit dem Olivenöl in der Pfanne anbraten, Herd ausschalten, Pfanne kann bei Ceranfeld auf der Platte stehen bleiben, ansonsten herunternehmen.

8 Tomaten ebenfalls in kleine Würfel schneiden.

9 Petersilie fein hacken.

10 Beides zu den Auberginen geben und alles mischen.

11 Mit Salz, Paprika und Chili abschmecken.

12 Tatar auf die Fladen streichen. Eingerollt oder offen mit dem Dip servieren.

VARIANTE

500 g Rinderhackfleisch mit 2 gehackten Knoblauchzehen in 2 EL Öl anbraten. Würzen mit Salz, Pfeffer, Thymian und Kreuzkümmel. Das Hackfleisch nicht unter das Tatar mischen, sondern separat dazu reichen.

TIPP

Das Tatar schmeckt auch mit Zucchini und Paprikaschoten!

GRILLGEMÜSE
mit Brotspießen und Dip

Wer Gemüse im Garten selber anbaut, kann meist schon ab Juni aus dem Vollen schöpfen. Aber auch bei den Gemüseanbauern und auf Märkten findet man jetzt frisches buntes Gemüse zum kulinarischen Verlieben.
Mit diesem Rezept drehen wir den Spieß mal um:
Köstlich gegrilltes oder gebratenes Saisongemüse und dazu am Holzspieß geröstete Brotwürfel. Gut geeignet ist hier ein Brot mit Roggenanteil und elastischer Krume (z. B. Hausbrot), da dieses nicht von den Spießen bröselt und nicht so schnell ankohlt wie reines Weißbrot. Ein Dip darf dazu natürlich nicht fehlen.

ZEITHORIZONT FÜR DIE ZUBEREITUNG

ca. 60 Minuten +
Garzeit ca. 30 Minuten

1 Das Gemüse vorbereiten: Zwiebeln abziehen, in dünne Ringe schneiden. Zucchini und Auberginen waschen, putzen, ggf. vierteln, in Scheiben schneiden. Paprikaschoten halbieren, entkernen, waschen, in Streifen schneiden. Champignons putzen, halbieren bzw. vierteln. Tomaten waschen, halbieren oder vierteln, Knoblauchzehen fein würfeln.

2 Das Gemüse in einer Schüssel mit Öl und Kräutern 30 Min. marinieren.

3 In der Zwischenzeit den Dip anrühren. Knoblauchzehen sehr fein hacken oder pressen, mit dem Wasser etwas verdünnen und mit Kräutern, Pfeffer, Salz und Honig abschmecken. Abdecken und kühl stellen.

4 Backofen vorheizen auf 200 °C.

5 Das Grillgemüse erst jetzt leicht salzen und im Backofen auf zwei Bleche verteilt garen. Dabei mindestens einmal wenden. Wenn vorhanden, kann die Umluftfunktion verwendet werden.
Andernfalls, bei Ober- und Unterhitze, müssen die Bleche nach der Hälfte der Zeit mindestens einmal getauscht werden, damit eine gleichmäßige Gare erreicht wird. Die letzten 3–5 Min. den Grill zuschalten und die Bleche im Einschub nochmals tauschen.

6 Während das Gemüse gart, das Brot in dicke Scheiben schneiden und würfeln. Die Brotwürfel vorsichtig auf Holzspieße aufreihen und auf dem Grill oder in der Pfanne / auf der Muurikka (hier mit etwas Butter) anrösten.

7 Mit Kräutergarnitur und Zitronenspalte anrichten.

KÖSTLICHE ZUBEREITUNGS-ALTERNATIVEN

Portionsweise in Schalen auf dem Grill oder über offenem Feuer auf der Muurikka (s. Bild).

TIPP
Dazu schmecken in Olivenöl und weißem Balsamico marinierte Fetawürfel mit Kalamata-oliven.

ZUTATEN FÜR 4 PERSONEN

ca. 1500 g **SAISONGEMÜSE** (z. B. junge Zucchini, Auberginen, Paprika, Tomaten, Zwiebeln, Möhren, Süßkartoffeln, Brokkoli (blanchiert), Champignons …

4–8 Zehen **KNOBLAUCH** – ganz nach Geschmack

1 **ZITRONE**

SALZ

FÜR DIE MARINADE

ca. 40 g **OLIVEN-BRATÖL**

PFEFFER aus der Mühle

THYMIAN, ROSMARIN, OREGANO, KREUZKÜMMEL

FÜR DEN DIP

250 g **QUARK / TOPFEN** (20 % Fett i. Tr.)

2 **KNOBLAUCHZEHEN**

PFEFFER aus der Mühle, **SALZ,** 1 TL **WALDHONIG**

4 EL **WASSER**

Ein paar Stängel **PETERSILIE** und/oder andere **FRISCHE KRÄUTER**

EQUIPMENT

HOLZSPIESSE

TIPP
schmeckt
auch am
nächsten Tag
noch gut

KÄSE-MELONEN-SALAT

Diesen Salat sollte man nicht in der Salatschüssel mischen, sondern ansprechend auf dem Teller oder einer Platte anrichten. Wer es nicht so mit Knoblauch hat, kann ihn auch weglassen, wenngleich gerade dieser dem Salat gemeinsam mit den gerösteten Kürbiskernen und dem Kernöl die besondere Note verleiht. Dazu passt nicht nur Weißbrot, sondern auch hervorragend ein kräftiges Vollkorn-Körnerbrot – z. B. Pflastersteine.

ZUTATEN FÜR 4 PERSONEN

2 **GALIAMELONEN**
200 g **HARTKÄSE** (z. B. Old Amsterdam oder Cheddar)
400 g **BRIE** (Weichkäse)
40 g **KÜRBISKERNE**
4 große, möglichst frische **KNOBLAUCHZEHEN**
1 unbehandelte **ZITRONE**
2 TL **AKAZIENHONIG**
OLIVENÖL nativ
KÜRBISKERNÖL
FRISCHE KRÄUTER MINZE, OREGANO, SALBEI
SALZ, BUNTER PFEFFER aus der Mühle

EQUIPMENT

ZESTENSCHNEIDER

ZEITHORIZONT FÜR DIE ZUBEREITUNG

ca. 30 Minuten

1 Kürbiskerne ohne Fett in Pfanne leicht rösten, zum Abkühlen beiseitestellen.

2 Melone halbieren, Kerne entfernen, dann vierteln, schälen und Fruchtfleisch würfeln.

3 Käse würfeln

4 Zitrone waschen, für die Garnitur mit dem Zestenschneider reichlich dünne Streifen schälen

5 Für die Marinade Zitrone halbieren, Saft auspressen, mit dem Akazienhonig und dem hauchfein gewürfelten (oder gepressten) Knoblauch mischen Mit Salz und Pfeffer abschmecken.

6 Kräuter waschen, von den Stängeln zupfen und fein hacken.

7 Teller (bzw. Platte) mit reichlich Olivenöl einpinseln, damit der Brie nicht kleben bleibt, dann Melonen- und Käsewürfel darauf anrichten, mit der Marinade übergießen und den Kürbiskernen bestreuen. Mit Blüten, den gehackten Kräutern und den Zitronenzesten garnieren. Zum Schluss ein paar Tropfen Kürbiskernöl darüberträufeln.

MELONEN-FETA-SALAT

Spontan meint man, einen Tomaten-Salat vor Augen zu haben. Erst auf den zweiten Blick offenbart sich eine köstliche Abwechslung auf dem sommerlichen Speisezettel. Ob die Melone nun gekugelt oder gewürfelt ist, spielt dabei keine Rolle. Knackig frisch und süß soll sie sein. Ob einfach nur mit frischem Brot oder als Beilage zu Gegrilltem – ein Salat, der im Sommer einfach sein muss.

ZUTATEN FÜR 4 PERSONEN

1 **KLEINE ROTE WASSERMELONE** (ca. 1,5 kg)
1 **ROTE ZWIEBEL**
400 g **FETA**
400 g **KLEINE, WEISSE TAFELTRAUBEN** (kernlos)
1 Glas **KALAMATA OLIVEN OHNE STEIN IN SALZLAKE** (200–300 g Abtropfgewicht)
OLIVENÖL nativ
WEISSER BALSAMICO
frische Kräuter **THYMIAN, OREGANO, PETERSILIE**
SALZ, PFEFFER aus der Mühle
ESSBARE BLÜTEN der Saison zum Garnieren

EQUIPMENT

evtl. KUGELAUSSTECHER

ZEITHORIZONT FÜR DIE ZUBEREITUNG

ca. 30 Minuten

1 Melone halbieren, Fruchtfleisch würfeln oder mit Kugelausstecher kleine Bällchen ausstechen. Feta würfeln, Tafeltrauben gründlich waschen, entstielen.

2 Zwiebel schälen, halbieren, in dünne Halbmondstreifen schneiden.

3 Oliven in ein Sieb abgießen, abtropfen lassen.

4 Kräuter waschen, von den Stängeln zupfen und fein hacken.

5 Zutaten auf Tellern oder einer großen Platte anrichten.

6 Mit Olivenöl beträufeln, mit Salz und Pfeffer aus der Mühle würzen, den Blüten bestreuen und mit etwas Balsamico abrunden.

TIPP
Geeignet sind z. B. Blüten von Ringelblume, Salbei, Storchschnabel, Stiefmütterchen oder Sonnenblume.

TIPP
Weitere mögliche Zutaten sind z. B. Rosenblüten (Kartoffelrose) oder Brombeeren und Erdbeeren.

FEENTRANK

Eine bunte Sommer-Kräuter-Frucht-Mischung verwandelt einfachen Apfelsaft in ein geheimnisvoll wohlschmeckendes Erfrischungsgetränk für Groß und Klein. Er ist ein hervorragender Durstlöscher und wirkt isotonisch. Genau das richtige für heiße Sommertage und Grillevents in der Outdoorküche.
Die Zutaten können nach Jahreszeit und Vorhandensein variieren. Die hier niedergeschriebene Variante ist unser Favorit.

ZUTATEN

2 l **BIO-APFELSAFT NATURTRÜB**
300 g **HIMBEEREN** (frisch oder TK-Ware)
1 **BIO-ZITRONE**
3 Stängel **MINZE** (z. B. Apfelminze)
3 Stängel **ZITRONENMELISSE**
1–3 Ranken **GUNDERMANN** (je nach Länge)
5 Dolden **HOLUNDERBLÜTEN**
1 Handvoll **FRAUENMANTELBLÜTEN**
20 Stängel **GIERSCH**

EQUIPMENT

SIEB, ggf. TRICHTER ZUM ABFÜLLEN IN FLASCHEN

ZEITHORIZONT FÜR DIE ZUBEREITUNG

ca. 30 Minuten + Zeit für Auszug

1 Apfelsaft in ausreichend großes Gefäß mit Deckel geben

2 Zitrone waschen, vierteln und in dünne Scheiben schneiden.

3 Die dicken Stängelteile von den Kräutern (nicht bei Gundermann) entfernen, Kräuter waschen. Blüten ebenfalls von den Stängeln lösen. Hier sollte man möglichst auf Waschen verzichten, da sonst wertvolle Aromen verloren gehen.

4 Frische Himbeeren verlesen.

5 Alle Zutaten in den Apfelsaft geben und mit sauberen Händen kraftvoll durchkneten.

6 So geben die Pflanzenzellen ihren Saft mit den Aromen ab.

7 Gefäß gut verschließen und an einem eher kühlen Ort (Keller/Kühlschrank) mindestens 2–3 Std. ziehen lassen – noch besser über Nacht.

8 Kräuter- und Fruchtreste herausfischen oder den ganzen Trank abseihen.

9 Das kräftig rote Getränk wird in den Gläsern noch 1:1 mit stillem oder auch Sprudelwasser verdünnt und verliert dabei nur wenig an Farbe.

10 Lässt man das Getränk unverdünnt 1–3 Tage (je nach Temperatur) stehen, setzt eine natürliche Gärung ein – ähnlich der beim Federweißen. Auch die Wirkung auf die Verdauung ist entsprechend – also in Maßen himmlisch genießen.

HERBST

September / Oktober / November

Die Natur ist im Endspurt. Für den herannahenden Winter will alles vorbereitet sein: Die Samen produziert, die wertvollen Stoffe in den Wurzeln eingelagert, und die wärmende und schützende Decke aus Blättern vorbereitet. Dann kann die kalte und dunkle Zeit kommen.

Viele Vögel machen sich auf den Weg nach Süden, während Insekten und Wildtiere nach Unterschlupf suchen. Lassen wir sie auch in unseren Gärten ein Plätzchen finden.

Für uns ist es die Zeit des Einmachens und Einkochens – die reiche Ernte darf uns auf diese Weise gut durch den Winter bringen. Das Erntedankfest ist deshalb schon immer ein bedeutendes Fest.

Mit dem November wird es dann auch schon wieder grau, nass und kalt und es beginnt die Zeit, in der man in Büchern liest und sich eine Kerze anzündet.

WAS HAT SAISON?

Die Ernte ist in vollem Gange. War bislang das oberirdische Gemüse im Fokus, geht es nun an die Rüben und Knollen. Äpfel, Birnen, Zwetschgen, Mispeln und Quitten sind beim Obst an der Reihe.

Bei den Wildfrüchten reifen Hagebutten und Schlehen, Vogelbeeren, Hollunderbeeren und Sanddorn. Die Kornelkirsche findet man hauptsächlich als Heckengehölz in Gärten. Ihre Früchte schätzte schon Hildegard von Bingen und empfahl sie für die Gesundheit. Im Frühling ist sie eine Bienenweide. Aus den Früchten lassen sich allerlei Köstlichkeiten herstellen. Auch die Baumnüsse reifen heran.

FESTE UND LOSTAGE IM HERBST:

Erntedankfest, Halloween, Allerheiligen, Sankt Martin, Kirchweihen, Totensonntag

KÜMMEL-FENCHEL-KRUSTE

Wer es gerne würzig mag, wird dieses Brot mögen. Die Intensität ist nach persönlichem Gusto variierbar und umso größer, wenn die Gewürze frisch gemörsert verwendet werden. Der Sauerteig sorgt für lange Frische und weitere Aromen.

ZEITHORIZONT FÜR DIE ZUBEREITUNG

VORTAG
Sauerteig: 10 Min.
Reifen: ca. 12–24 Std
bei Zimmertemperatur

BACKTAG
Teig: 10 Min.
+ Stockgare: ca. 3–4 Std.
+ Stückgare: ca. 30 Min.
bei Zimmertemperatur

BACKEN
Backofen mit Blech vorheizen auf 250 °C, Ober- und Unterhitze, sofort bedampfen, von 230 °C auf 190 °C fallend ca. 60 Min. backen.

ZUBEREITUNG

VORTAG

1 Sauerteig nach Anleitung (S. 22) herstellen.

BACKTAG

2 Fenchel und Kümmel mörsern (alternativ gemahlen verwenden).

3 Sauerteig, Salz, Hefe und Gewürze im Wasser einrühren.

4 Mehl dazugeben und gleichmäßig einarbeiten.

5 Schüssel abdecken und zur Stockgare beiseitestellen.

6 Teig bemehlen, vom Schüsselrand lösen und auf die Arbeitsfläche stürzen.

7 Mit möglichst wenig zusätzlichem Mehl einen Laib formen.
Dabei soll der Teig nicht zu fest durchgeknetet werden, da sonst die Gärblasen komplett aus dem Teig gedrückt werden.

8 In den Gärkorb ein paar Kümmel und Fenchelsamen streuen, den rundum bemehlten Laib zur Stückgare in den Gärkorb legen.

9 Den Laib vorsichtig auf das heiße Blech stürzen, sofort bedampfen und nach Anleitung backen.

ZUTATEN FÜR 1 LAIB

VORTAG
SAUERTEIG
135 g **WASSER** (handwarm)
120 g **ROGGENVOLLKORNMEHL**
1 TL **ANSTELLGUT ROGGEN**

BACKTAG
SAUERTEIG VOM VORTAG
350 g **WASSER** (handwarm)
5 g **FRISCHHEFE**
12 g **SALZ**
2 EL **FENCHEL**
2 EL **KÜMMEL**
300 g **DINKELVOLLKORNMEHL**
250 g **ROGGENMEHL TYPE 997**

EQUIPMENT
HEFETEIGSCHÜSSEL,
evtl. MÖRSER, TEIGKARTE,
GÄRKORB (1–1,5 kg)

KÜRBIS-KURKUMA-BROT

Mit seinem satten Gelbton verführt dieses Brot zum Genuss. Fast erinnert es in der Konsistenz an Hefegebäck wie z. B. Milchhörnchen oder Buchteln. Die lange Teiggare entlockt den Zutaten köstliche Aromen, die weder Kürbis noch Kurkuma darin vermuten lassen. Ob Himbeermarmelade oder Leberwurst – irgendwie passt alles dazu und nicht nur getoastet schmeckt es auch im Alleingang.
Am besten eignen sich Hokkaido (mit Schale), Butternut und Muskatkürbis. Es empfiehlt sich durchaus, gleich eine größere Menge vom Kürbismus herzustellen. Zum einen zur tiefgefrorenen Bevorratung für Wiederholungen des Gaumenglücks und zum anderen für die ebenfalls köstliche Kürbissuppe.

Auch das Brot lässt sich wunderbar einfrieren und ist wie frisch, wenn man es nach dem Auftauen kurz im Ofen aufbackt.
Aus dem Teig lassen sich wunderbar auch Zöpfe oder Semmeln herstellen (dann die Teiglinge auf dem Blech aufgehen lassen und die Backzeit entsprechend reduzieren!).

» Kürbiszeit vorbei und Vorräte aufgebraucht? – Dann das Rezept einmal mit Apfelmus ausprobieren!

Fortsetzung auf Seite 140 ➤

ZUTATEN FÜR 1 GROSSEN LAIB

KÜRBISMUS

450 g **KÜRBISFRUCHTFLEISCH** (geputzt gewogen)
200 g **WASSER**

BROTTEIG

KÜRBISMUS
50 g **ORANGENSAFT**
2 TL **HONIG**
150 g **MILCH** (3,5 % Fettgehalt)
1 TL **KURKUMAPULVER**
25 g **SALZ**
8 g **FRISCHHEFE**
1100 g **DINKELMEHL TYPE 630**
50 g **BUTTER** (kalt)
25 g **KÜRBISKERNE**

EQUIPMENT

MIXER / PÜRIERSTAB, GROSSE HEFETEIGSCHÜSSEL (6 l)

SPRINGFORM 28 cm, GEFETTET ggf. MIT BACKPAPIER AUSGELEGT

ALTERNATIV AUCH BRATENREINE, HOHE EMAILLEPFANNE ODER GUSSEISENTOPF

ZEITHORIZONT FÜR DIE ZUBEREITUNG

Kürbismus: 45 Min.
(auch am Vortag / Vorabend schon möglich)
Teigzubereitung: 60 Min.
+ Stockgare: ca. 8 Std.
+ Stückgare: ca. 30 – 40 Min. bei Zimmertemperatur

BACKEN

Ofen vorheizen auf 250 °C, Ober- und Unterzitze, sofort bedampfen, bei 180 °C ca. 60 Min. backen.

ZUBEREITUNG

1 Kürbis schälen, putzen und 450 g vom Fruchtfleisch abwiegen.

2 In kleine Würfel schneiden oder grob raspeln und mit 50 g Wasser ca. 20 – 30 Min. sehr weich dünsten.

3 150 g kaltes Wasser dazu gießen und pürieren bzw. mixen (mit der Zugabe von kaltem Wasser wird die heiße Masse abgekühlt). Bereitet man das Mus schon am Vortag zu, so kann man es gleich mit der ganzen Wassermenge kochen. Damit der Teig gut aufgeht, wird dann die Milch angewärmt.

4 Kürbismus in die Hefeteigschüssel geben und mit Orangensaft, Honig, Milch, Kurkuma und Salz verrühren. Zum Schluss die Hefe einrühren.

5 Mehl dazugeben und alles zügig zu einem straffen, glatten Teig verarbeiten.

6 Abgedeckt 10 Min. Teigruhe.

7 Butter in dünnen Flocken über den Teig verteilen und einarbeiten.

8 Nochmals abgedeckt 10 Min. Teigruhe.

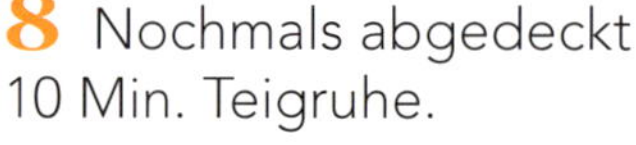

9 Teig dehnen und falten, dies nach jeweils 20 Min. noch zweimal wiederholen (insgesamt also dreimal).

10 Die Schüssel mit dem Deckel verschließen und den Teig bei Zimmertemperatur ca. 7–8 Std. ruhen lassen. Der Teig soll sich im Volumen mindestens verdoppeln.

11 Nach der Stockgare den Teig ein letztes Mal dehnen und falten, mit etwas Mehl bestäuben und aus der Schüssel auf die Arbeitsfläche gleiten lassen. Er löst sich im Zeitlupentempo und nahezu rückstandslos aus der Schüssel.

12 Den Teig jetzt nicht mehr kneten. Ohne weitere Mehlzugabe zum Laib formen und diesen mit Schluss nach unten in die gefettete Backform legen. Mit einem Tuch abgedeckt bei Zimmertemperatur nochmals ca. 30–40 Min. ruhen lassen.

13 Unmittelbar vor dem Backen mit etwas Wasser besprühen und den Kürbiskernen bestreuen.

14 In den vorgeheizten Ofen schieben und sofort bedampfen. Nach Anleitung backen.

ZUTATEN FÜR 1 LAIB

VORTAG
SAUERTEIG

55 g **WASSER**
50 g **ROGGENVOLLKORNMEHL**
5 g **ANSTELLGUT ROGGEN**

QUELLSTÜCK

150 g **WALNÜSSE**
170 g **WASSER**

BACKTAG
HAUPTTEIG

400 g **WASSER** (handwarm) – Nusswasser mit verwenden!
QUELLSTÜCK (EINGEWEICHTE NÜSSE)
SAUERTEIG VOM VORTAG
15 g **SALZ**
10 g **FRISCHHEFE**
10 g **ROGGENFARBMALZ** (alternativ Instant-Getreidekaffee)
20 g **HONIG**
50 g **NUSSMEHL** (gemahlene Nüsse)
250 g **ROGGENVOLLKORNMEHL**
290 g **DINKELMEHL TYPE 630**

EQUIPMENT

GROSSE HEFETEIGSCHÜSSEL, GÄRKORB, TEIGKARTE

NUSSKNACKERBROT

Roggenfarbmalz sorgt für den satten Braunton und Walnüsse bringen das leicht herbe Aroma in dieses Brot.
Auch mit Haselnüssen lässt sich dieses Brot zubereiten.

» Wichtig: die Nüsse müssen eingeweicht sein, damit das Brot nicht trocken wird.

ZEITHORIZONT FÜR DIE ZUBEREITUNG

VORTAG
Quellstück, Sauerteig: 10 Min.
Quellen, Reifen: 12–24 Std.
bei Zimmertemperatur

BACKTAG
Hauptteig: 30 Min.
+ Stockgare: 3 Std.
+ Stückgare: 30 Min.
bei Zimmertemperatur

BACKEN
Backofen vorheizen auf 250 °C, Ober- und Unterhitze, sofort bedampfen, bei 230 °C fallend auf 180 °C 60 Min. backen.

ZUBEREITUNG

VORTAG

1 Nüsse in Wasser einweichen, abgedeckt in den Kühlschrank stellen.

2 Sauerteig nach Anleitung (S. 22) herstellen.

BACKTAG

3 Nuss-Quellstück abseihen, Nüsse in die Schüssel geben. Das abgewogene Nusswasser (es wird nicht viel sein) in die Schüssel geben und mit handwarmen Wasser auf 400 g ergänzen.

4 Sauerteig, Salz, Hefe, Farbmalz und Honig darin auflösen.

5 Gemahlene Nüsse und Roggenvollkornmehl einrühren.

6 Dinkelmehl einarbeiten.

7 15 Min. Teigruhe.

8 Teig nochmals gut durchkneten.

9 Zur Stockgare abgedeckt beiseitestellen.

10 Teig mit Mehl bestäuben, vom Schüsselrand lösen und auf die Arbeitsfläche stürzen.

11 Teig hälftig falten und einen Laib formen. Der mittelfeste Teig lässt sich gut bearbeiten und klebt nicht.

12 Das Teigstück rundum bemehlt in den Gärkorb legen, abdecken und zur Stückgare beiseitestellen.

13 Backofen mit Blech vorheizen.

14 Den Laib vorsichtig auf das heiße Blech stürzen.

15 Sofort bedampfen und nach Anleitung backen.

16 Das fertige Brot auf einem Gitter auskühlen lassen.

GRÜNKERN-DINKEL-LAIB

Grünkern ist halbreif geernteter und dann getrockneter Dinkel.
Meist kommt er in Getreidebratlingen zum Einsatz, bringt jedoch auch ins Brot kräftig-würzige Aromen. Damit das Geschmackserlebnis perfekt ist, sollte man das Brot erst am Tag nach dem Backen anschneiden. Erst dann ist die Aromabildung abgeschlossen.

ZEITHORIZONT FÜR DIE ZUBEREITUNG

VORTAG
Sauerteig, Brühstück, Vorteig: 30 Min.
Reifen und Quellen (über Nacht): 12 Std.
bei Zimmertemperatur

BACKTAG
Hauptteig: 30 Min.
+ Stockgare: ca. 3 Std.
+ Stückgare: ca. 30 Min.

BACKEN
Backofen mit Blech vorheizen auf 250 °C, Ober- und Unterhitze, von 230 °C auf 180 °C fallend ca. 60 Min. backen.

ZUBEREITUNG

VORTAG

1 Sauerteig nach Anleitung (S. 22) herstellen.

2 Brühstück mit Grünkern herstellen, abdecken.

3 Vorteig in der Hefeteigschüssel herstellen. Dazu Hefe in Wasser auflösen und Mehl einarbeiten. Nach 10 Min. Teigruhe nochmals durchkneten und Schüssel verschließen.

BACKTAG

4 Für den Hauptteig zum Vorteig Sauerteig, Brühstück, Wasser und Salz in die Schüssel geben.
Alles gut mischen.

5 Dinkelmehl einarbeiten und abgedeckt zur Stockgare beiseitestellen.

6 Teig mit Mehl bestäuben, vom Schüsselrand lösen und auf bemehlte Arbeitsfläche stürzen, in zwei Stücke teilen und Laibe formen.
Diese gut bemehlt zur Stückgare in Gärkörbe legen und abdecken.

7 Backofen mit Blech vorheizen.

8 Laibe auf heißes Blech stürzen, ggf. einschneiden und nach Anleitung backen.

» Das Rezept ist perfekt geeignet zum Backen im DutchOven (Ft6).

TIPP
Dieses Brot schmeckt geröstet sehr gut als Suppeneinlage.

ZUTATEN FÜR 2 LAIBE

VORTAG

SAUERTEIG

100 g **WASSER** (handwarm)
100 g **DINKELVOLLKORNMEHL**
1 TL **ANSTELLGUT DINKEL** (alternativ Anstellgut Roggen)

BRÜHSTÜCK

200 g **GRÜNKERNMEHL**
300 g **WASSER** (heiß)

VORTEIG

300 g **WASSER** (handwarm)
400 g **DINKELMEHL TYPE 1050**
3 g **FRISCHHEFE**

BACKTAG

HAUPTTEIG

VORTEIG
SAUERTEIG
BRÜHSTÜCK
150 g **WASSER** (handwarm)
24 g **SALZ**
500 g **DINKELMEHL 630**

EQUIPMENT

HEFETEIGSCHÜSSEL,
2 GÄRKÖRBE
(1,5 kg ODER ZWEI KLEINE)
TEIGKARTE

ROTKORN-CHIA-KASTEN

Rotkorn- oder Purpurweizen ist ein Schatz unter den Körnern. Er bringt nicht nur Farbe und aromatisch-nussiges Aroma ins Brot. Die roten Pflanzenfarbstoffe, Anthocyane, hat er mit Früchten wie Holunder, Brombeeren oder auch Weintrauben gemein. Diese sekundären Pflanzenstoffe schützen die Pflanze und sind auch für unsere Gesundheit nützlich, indem sie z. B. freie Radikale binden. Die Backeigenschaften sind wie beim normalen Weizen – also ein tolles Korn für außergewöhnliche Brote.

ZEITHORIZONT FÜR DIE ZUBEREITUNG

VORTAG

Sauerteig: 10 Min.
Reifen: 12 – 24 Std.
bei Zimmertemperatur

BACKTAG

Hauptteig: 60 Min.
+ Stockgare: ca. 2 ½ Std.
+ Stückgare: ca. 60 Min.

BACKEN

Backofen vorheizen auf 250 °C, Ober- und Unterhitze,
bei 180 °C ca. 50 Min. backen.

ZUBEREITUNG

VORTAG

1 Sauerteig nach Anleitung (S. 22) herstellen.

BACKTAG

2 Sauerteig, Honig, Hefe und Salz im Wasser auflösen. Chiasamen und Rotkornmehl einrühren und 15 Min. quellen lassen.

3 Weizenmehl dazugeben und einarbeiten.

4 Erst wenn das Mehl komplett verarbeitet ist, das Öl über den Teig gießen und einarbeiten, bis es vom Teig komplett aufgenommen ist.

5 Teig abgedeckt 30 Min. ruhen lassen, dann dehnen und falten und abgedeckt zur Stockgare beiseitestellen.

6 Inzwischen die Kastenformen fetten und mit Backpapier auslegen.

7 Teig aus der Schüssel auf die Arbeitsfläche geben, einmal übereinanderschlagen, leicht mit Mehl bestäuben und in 8 Stücke teilen.

8 Die Stücke mit möglichst wenig Mehl rundwirken – quasi zu kleinen Knödeln formen – und je 4 nebeneinander in die beiden Kastenformen setzen.

9 Teig in der Form abgedeckt gehen lassen, bis er sich um ca. die Hälfte vergrößert hat.

10 Kastenformen in den vorgeheizten Backofen stellen, bedampfen und nach Anleitung backen.

TIPP
Ersatzweise kann man statt Rotkorn Vollkornmehl von Dinkel oder Emmer verwenden.

ZUTATEN FÜR 2 KASTENFORMEN

VORTAG: SAUERTEIG

100 g **WASSER** (handwarm)
100 g **ROTKORNMEHL**
1 TL **ANSTELLGUT ROGGEN**

BACKTAG: HAUPTTEIG

800 g **WASSER** (handwarm)
SAUERTEIG VOM VORTAG
40 g **CHIASAMEN**
50 g **HONIG**
12 g **FRISCHHEFE**
200 g **ROTKORNMEHL**
25 g **SALZ**
1050 g **WEIZENMEHL TYP 550**
30 g **OLIVENÖL**

EQUIPMENT

GROSSE HEFETEIGSCHÜSSEL, 2 KASTENFORMEN, BACKPAPIER, TEIGKARTE

HAFERECKEN

Hafergebäck braucht zusätzlich immer ein anderes Mehl, damit das Gebäck nicht zu bröselig wird.
Bei diesem Teig erfüllt diesen Zweck der Dinkel, den man auch mit Weizenmehl Type 550 austauschen kann.
Ob man nun Ecken, Kugeln oder Stangen aus dem Teig formt oder einen Laib, ist einerlei.
Das Backwerk schmeckt zur deftigen Brotzeit wie auch mit süßem Aufstrich gleichermaßen.

ZUTATEN FÜR 8 ECKEN

BRÜHSTÜCK

150 g **HAFERFLOCKEN (GROSSBLATT)**
400 g **WASSER** (100 °C)
14 g **SALZ**

HAUPTTEIG

BRÜHSTÜCK
1 g **FRISCHHEFE**
1 TL **HONIG**
680 g **DINKELMEHL TYPE 630**
HAFERFLOCKEN zum Bestreuen

EQUIPMENT

GROSSE HEFETEIGSCHÜSSEL, BACKBLECH, BACKPAPIER

ZEITHORIZONT FÜR DIE ZUBEREITUNG

VORTAG
Brühstück (ohne Kühlzeit) und Hauptteig: 30 Min.
+ Stockgare: ca. 20 Std. bei Zimmertemperatur

BACKTAG
Teigbearbeitung: 15 Min.
+ Stückgare: ca. 40 Min. bei Zimmertemperatur

BACKEN
Ofen vorheizen auf 230 °C, Ober- und Unterhitze.
Sofort nach dem Einschieben bedampfen, bei 180 °C ca. 30 Min. backen.

ZUBEREITUNG

VORTAG
Brühstück

1 150 g Haferflocken und Salz in die Schüssel geben, mit kochendem Wasser überbrühen, mehrfach umrühren und bis handwarm abkühlen lassen.

Hauptteig

2 Hefe und Honig im Brühstück auflösen.

3 Mehl dazugeben und die Zutaten zu einem eher festen Teig verarbeiten.

4 15 Min. Teigruhe.

5 Teig nochmals kurz durchkneten.

6 Schüssel abdecken und zur Stockgare beiseitestellen. Das Teigvolumen wird sich in etwa verdoppeln.

BACKTAG

7 Am Backtag den Teig mit Mehl bestäuben, vom Schüsselrand lösen und auf die bemehlte Arbeitsfläche stürzen, übereinanderschlagen und mit wenig Druck zu einem Quadrat 30 x 30 cm ausrollen.

8 Die Teigplatte nun viermal durchschneiden (s. Skizze).

9 Die 8 Teiglinge beidseitig mit Haferflocken bestreuen, zur Stückgare aufs Blech setzen und abdecken.

10 Blech in den Ofen einschieben, bedampfen und nach Anleitung backen.

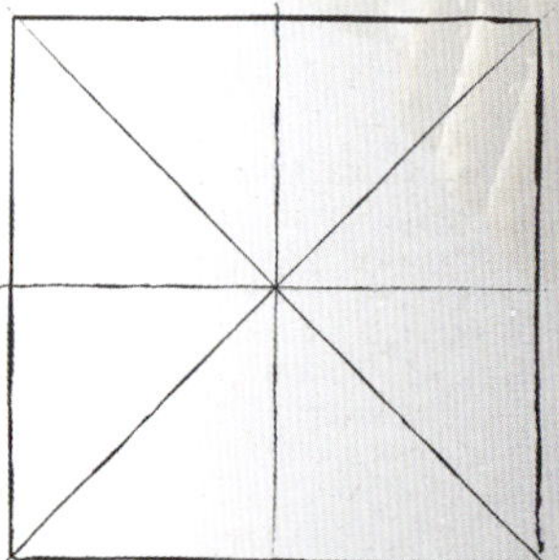

TIPP
Möchte man sie gerne heiß essen, empfiehlt es sich, die Teller anzuwärmen.

ARME RITTER

Sie sind verwandt mit dem Semmelschmarrn und die Zutaten nahezu gleich. Lediglich die Brotreste sind beim einen kleine Stücke und beim anderen ganze Scheiben. Die Ritter schmecken als süßes Hauptgericht ebenso wie als Nachtisch. Überschüssiges Weißbrot oder, wer es mag, auch Schwarzbrot lässt sich so wunderbar verwerten.

ZUTATEN FÜR EINE PORTION ALS SÜSSES HAUPTGERICHT

75 ml **MILCH** (3,5 %)

1 **EI** (M oder L)

½ TL **BRAUNER ROHRZUCKER**

etwas abgeriebene **ZITRONENSCHALE**

5 Scheiben **WEISSBROT** (à ca. 50 g)

BUTTER oder **BUTTERSCHMALZ** zum Ausbraten

FÜR DAS TOPPING

PUDERZUCKER, ZIMTZUCKER

evtl. etwas **JOGHURT, QUARK** oder **SAHNE**

KOMPOTT nach Wahl

EQUIPMENT

SCHNEEBESEN, REIBE ODER ZESTENSCHNEIDER

ZEITHORIZONT FÜR DIE ZUBEREITUNG

ca. 30 Minuten + Zeit zum Einweichen vom Brot

1 Milch mit Ei, Zucker und Zitronenschale anrühren.

2 Brotscheiben in eine Schüssel legen, die Eiermilch darübergießen und Brot einweichen lassen. Bei frischem Brot braucht das nur etwa 5–10 Min., altbackenes Brot sollte mindestens 30 Min. einweichen.

3 Die Scheiben nach der Hälfte der Zeit in der Eiermilch wenden – die unteren nach oben und umgekehrt. Die Eiermilch sollte weitgehend vom Brot aufgenommen werden.

4 Butter in der Pfanne zerlassen, die Brotscheiben darin goldbraun anbacken.

5 Die Ritter auf dem Teller mit Puderzucker überstäuben und wahlweise z. B. mit einem Löffel Joghurt, Kompott nach Wahl und etwas Zimtzucker anrichten.

KÜRBISCREMESUPPE

Muskat, Butternut und Hokkaido, das sind drei der bekanntesten Kürbissorten für Suppe, Brot und Gemüse. Allen ist ihr orangefarbenes, festes Fruchtfleisch gemein.
Zur Verwendung in der Küche besonders praktisch ist der von der gleichnamigen japanischen Nordinsel stammende Hokkaido-Kürbis. Da seine Schale weicher ist als die der anderen, muss man ihn nicht schälen.

ZUTATEN FÜR 4 PERSONEN

1 **HOKKAIDOKÜRBIS** (700–800 g)
200 g **KARTOFFELN**
200 g **MÖHREN**
1 große **ZWIEBEL**
3 EL **PFLANZENÖL**
20 g **FRISCHER INGWER**
0,8 l **GEMÜSEBRÜHE**
KREUZKÜMMEL
CURRY, CHILI oder **PFEFFER**
KRÄUTERSALZ
400 g **KOKOSCREME** (1 Dose)
1 unbehandelte **ORANGE**
4 EL **SCHMAND**
KÜRBISKERNÖL

EQUIPMENT

MIXER ODER PÜRIERSTAB,
ZESTENSCHNEIDER

ZEITHORIZONT FÜR DIE ZUBEREITUNG

ca. 60 Minuten

1 Kürbis waschen, putzen, Kerne und weiches Inneres entfernen und würfeln.
Es werden ca. 600 g Kürbisfleisch benötigt.

2 Kartoffeln, Möhren, Zwiebel, Ingwer schälen und würfeln.

3 Zwiebel im Pflanzenöl glasig dünsten.

4 Alles Gemüse mit dem Ingwer dazugeben, Brühe angießen und umrühren.

5 Mit etwas Kreuzkümmel, Curry und Chili oder Pfeffer würzen und mit geschlossenem Deckel ca. 20 Min. leicht köcheln lassen, bis das Gemüse weich ist. Dabei gelegentlich umrühren.

6 Inzwischen von der Orange Zesten schälen und die Frucht anschließend auspressen. Schmand zum Anrichten mit etwas Wasser cremig rühren und beiseitestellen.

7 Die Suppe fein pürieren.

8 Orangensaft und Kokoscreme in die Suppe hineinrühren; jetzt nicht mehr aufkochen lassen, sondern nur noch erwärmen, bis die Suppe wieder heiß ist.

9 In Tellern oder Schalen mit Schmand, Kürbiskernöl und den Orangenzesten anrichten.

Bild: vom Vortag übrig gebliebenes Kräuteröl und etwas Pfannenbrot fanden Verwendung für die Garnitur.

ROTE-BETE-SUPPE

Man mag sie, oder man mag sie nicht: die Rote Bete. Als Wintergemüse und Vitalstofflieferant war sie lange Zeit begehrt, wie auch das Sauerkraut und andere Wurzelgemüse. Kartoffeln kamen erst nach der Entdeckung Amerikas auf den Tisch. Zurecht erlebt die kräftig färbende Rübe seit geraumer Zeit eine Renaissance in der modernen Küche.
Sie wird auch zum Färben von Lebensmitteln eingesetzt.
Eine raffinierte, kräftige Würzung verleiht dieser Suppenvariante das besondere Etwas.

ZUTATEN FÜR 4 PERSONEN

400 g **ROTE BETE**
200 g **KARTOFFELN**
1 große **ZWIEBEL**
2 EL **PFLANZENBRATÖL**
1 l **GEMÜSEBRÜHE**
¼ TL **KÜMMEL, GEMAHLEN**
½ TL **KURKUMA, GEMAHLEN**
1 TL **CURRY**
1 TL **PAPRIKAPULVER EDELSÜSS**
1 Prise **KREUZKÜMMEL**
¼ TL **THYMIAN**
PFEFFER aus der Mühle
SALZ
200 g **JOGHURT**
CHILI, KRÄUTERSALZ

EQUIPMENT

MIXER ODER PÜRIERSTAB, FÜR DEKO SPRITZTÜLLE

ZEITHORIZONT FÜR DIE ZUBEREITUNG

ca. 45 Minuten

1 Rote Bete und Kartoffeln, waschen, putzen und in kleine Würfel schneiden.

2 Zwiebel schälen und würfeln.

3 Zwiebelwürfel in Öl glasig dünsten, Kartoffel- und Betewürfel dazugeben und mit der Brühe ablöschen, würzen, 20 Min. köcheln lassen.

4 Suppe pürieren und 10 Minuten weiter köcheln lassen. Dabei gelegentlich umrühren.

5 Joghurt cremig rühren und mit Kräutersalz abschmecken.

6 Auf der Suppe im Teller mit dem Joghurt von innen nach außen eine Spirale spritzen. Für das Spinnennetzmuster dann mit einem Holzstäbchen oder Löffelstiel von der Mitte ausgehend nach außen über Kreuz 8 gerade Linien zum Rand hin ziehen. Anrichten mit Blüten, Kräutern nach Geschmack, Chili darüberstreuen.

» Ist keine Spritztülle zur Hand, kann man sich einfach mit einem Plastikbeutel behelfen:

Man füllt ein paar Löffel Joghurtcreme in die Tüte, drückt die Luft heraus und verschließt sie mit einer Klammer oder einem Gummi. Am Boden schneidet man eine der beiden Ecken ganz knapp ab, dass gerade eine Bleistiftmine hindurch passen würde. Die weitere Anwendung ist wie bei der Spritztülle.

WEINCREMESÜPPCHEN von Sellerie und Birne

Eine eigenwillige Kreation ist diese herbstliche Suppe, die sehr fein schmeckt. Man sollte sie einfach probiert haben.

ZUTATEN FÜR 4 PERSONEN

3 **BIRNEN**
2 **SCHALOTTEN,** alternativ 1 Zwiebel
500 g **KNOLLENSELLERIE**
2 EL **BUTTER**
500 ml **GEMÜSEBRÜHE**
100 ml **WEISSWEIN, HALBTROCKEN**
300 ml **KOKOSMILCH**
SALZ, PFEFFER, MUSKATNUSS
4 EL **PREISELBEERKOMPOTT**
BUNTER PFEFFER aus der Mühle

ZEITHORIZONT FÜR DIE ZUBEREITUNG

ca. 45 Minuten

1 Zwei Birnen schälen, Kernhaus entfernen, klein würfeln.

2 Schalotten schälen und fein würfeln.

3 Sellerie schälen und fein würfeln.

4 Butter zerlassen, Schalotten und Birnen darin andünsten und den Sellerie dazugeben.

5 Gemüsebrühe und Wein angießen, 20 Min. köcheln lassen.

6 Kokosmilch in die Suppe einrühren, jetzt nicht mehr aufkochen lassen.

7 Mit Salz, Pfeffer und etwas geriebener Muskatnuss abschmecken.

8 Dritte Birne in dünne Scheiben schneiden.

9 Suppe im Teller mit Birnenscheiben, Preiselbeerkompott und Blüten/Kräuter und einer Prise buntem Pfeffer aus der Mühle anrichten.

TIPP
Für besonders cremigen Genuss die Suppe pürieren.

HOLZFÄLLEREINTOPF

» Stärkend und sättigend ist dieser Krauteintopf.

Ein Gericht, das man gut vorkochen kann, denn einmal aufgewärmt schmeckt es noch besser.
Wer gerne über offenem Feuer kocht: perfekt als Kesseleintopf geeignet (in diesem Fall 500 ml mehr Brühe zugeben).

ZUTATEN FÜR 4 PERSONEN

500 g **WEISSKRAUT**
1 GROSSE **GEMÜSEZWIEBEL**
2 **KNOBLAUCHZEHEN**
2 EL **SCHWEINESCHMALZ**
500 g **HACKFLEISCH** (gemischt Schwein/Rind)
je 1 rote und gelbe **PAPRIKASCHOTE**
500 ml **TOMATENPÜREE**
1 l **GEMÜSEBRÜHE**
½ TL **KÜMMEL** (geschrotet oder gemörsert)
1 EL **PAPRIKAPULVER EDELSÜSS**
SALZ, PFEFFER aus der Mühle
2 **LORBEERBLÄTTER**
THYMIAN, MAJORAN, ROSMARIN
1 Becher **SCHMAND** oder **SAUERRAHM**
1 Bund **PETERSILIE**

EQUIPMENT

GEMÜSEHOBEL

TIPP
Im Winter statt frischer Paprikaschoten ein Glas Letscho verwenden.

ZEITHORIZONT FÜR DIE ZUBEREITUNG

Vorbereitung: 30 Min.
Kochzeit: 60 Min.

1 Weißkraut putzen, Strunk entfernen und hobeln.

2 Gemüsezwiebel häuten und in kleine Würfel schneiden.

3 Knoblauch schälen und fein hacken.

4 In einem ausreichend großen Topf Schweineschmalz schmelzen und Hackfleisch darin scharf anbraten.

5 Paprika waschen, putzen, in Streifen schneiden oder würfeln und zum Hackfleisch geben.

6 Mit Tomatenpüree und Gemüsebrühe aufgießen.

7 Würzen mit Kümmel, Pfeffer und den Kräutern, mit Salz abschmecken.

8 Mit Deckel 60 Min. köcheln lassen. Dabei gelegentlich umrühren.

9 Inzwischen den Schmand (Sauerrahm) mit Salz und Pfeffer anrühren.

10 Petersilie waschen und fein hacken.

11 Den Eintopf in einer Schale mit Schmand und Petersilie anrichten und Brot dazu reichen.

Angeblich ist der Obatzde der Kreativität einer geschäftstüchtigen Wirtin zu verdanken. Käsereste klein gemacht und mit Fett (Butter) verbunden – gewürzt – fertig.
Auswahl und Gewichtung der einzelnen Zutaten obliegen damit dem/der KüchenchefIn und können von Mal zu Mal abweichen. Nicht fehlen dürfen Kümmel, Zwiebel und ein deftiges Brot; Meerrettich (Kren) ist eine weitere Option. Mischt man dann noch gekochte Pellkartoffeln (gerne auch lauwarm) darunter und ergänzt die Sache mit Speck, Ei und einem guten Bier, steht der individuellen bayerischen Brotzeit nichts mehr im Wege.

OBATZDA

BASISREZEPT

250 g **CAMEMBERT**
50 g Weiche **BUTTER**
50 g **FRISCHKÄSE**
1 **ROTE ZWIEBEL**
1–2 **KNOBLAUCHZEH(N)**
½ TL **PAPRIKA EDELSÜSS**
½ TL **KÜMMEL GEMÖRSERT**
SCHNITTLAUCH, KRÄUTER und **BLÜTEN**

ZEITHORIZONT FÜR DIE ZUBEREITUNG

ca. 20 Minuten

1 Camembert in kleine Stücke schneiden, mit Butter und Frischkäse in einer Schüssel miteinander verkneten.

2 Zwiebel schälen, fein würfeln und mit dem fein gehackten Knoblauch darunter mischen.

3 Würzen und mit Kräutersalz abschmecken und mit frischen Kräutern und Blüten anrichten.

» Optimal in Konsistenz und Aroma ist der Kümmel, wenn man ihn frisch mörsert. Verwendet man gemahlenen Kümmel, weniger nehmen.

TIPP
Obatzda ist im Kühlschrank aufbewahrt mehrere Tage haltbar.

PESTO ROSSO

Aufstrich mit mediterraner Note – auf Weißbrot, zu Nudeln oder als Topping für gefüllte Zucchini oder einen Kartoffelgratin. Am besten alles …

ZUTATEN

4 EL **OLIVENÖL**
1 TL **TOMATENMARK** (Tube)
75 g in Öl marinierte **GETROCKNETE TOMATEN**
2 **KNOBLAUCHZEHEN**
30 g geriebener **PARMESAN** oder **PECORINO**
2 EL gemahlene **MANDELN** (blanchiert)
1 EL **PINIENKERNE**
1 TL **WEISSER BALSAMICO**
3 Stängel **BASILIKUM**
200 g **FETA**
wenig **SALZ**
PFEFFER aus der Mühle
1 TL **HONIG**
Frischer **OREGANO** zum garnieren

ZEITHORIZONT FÜR DIE ZUBEREITUNG

ca. 20 Minuten

1 Olivenöl mit Tomatenmark in eine Schüssel geben und mischen.

2 getrocknete Tomaten und Knoblauchzehen sehr fein hacken und dazugeben.

3 Pinienkerne in einer Pfanne ohne Fett leicht rösten, aus der Pfanne nehmen und abkühlen lassen.

4 Basilikumblätter fein hacken.

5 Käse, Mandeln, Pinienkerne, Balsamico und Basilikum in die Schüssel geben und den Feta von Hand darüberbröseln. Alles gut mischen.

6 Mit Pfeffer, Honig und, falls nötig, etwas Salz abschmecken.

TIPP
Passt auch zu gegrilltem Fleisch und Gemüse.

KÜRBISKERN-CREME

Nussig, köstlich und blitzschnell gemacht ist dieser Aufstrich mit Kürbiskernen. Auf Weißbrot kommt das Aroma besonders gut heraus.

ZUTATEN

200 g **FRISCHKÄSE** (bevorzugt volle Fettstufe)
4 EL **KÜRBISKERNÖL**
1 TL **HONIG**
70 g **KÜRBISKERNE**
2–4 **KNOBLAUCHZEHEN**
SALZ
KRÄUTERSALZ
PFEFFER aus der Mühle
SCHNITTLAUCH, KRÄUTER und **BLÜTEN**

ZEITHORIZONT FÜR DIE ZUBEREITUNG

ca. 15 Minuten

1 Frischkäse in einer Schüssel mit Kürbiskernöl und Honig glattrühren.

2 Kürbiskerne ohne Fett in einer Pfanne anrösten, einige ganze beiseite legen.
Rest fein hacken.
Sofern vorhanden geht das auch prima mit einem elektrischen Zerkleinerer oder einem Mixer.

3 Knoblauchzehen schälen und sehr fein hacken.
Mit etwas Salz bestreuen (auf diese Weise rutscht der Knoblauch nicht davon) und mit der breiten Seite eines stabilen Messers zerdrücken.

4 Alle Zutaten mischen, abschmecken, mit Pfeffer und Blüten anrichten.

» Auf dieselbe Weise lassen sich auch Aufstriche mit anderen Nussarten herstellen.

Im Idealfall verwendet man dazu auch das Öl der jeweiligen Nussart – ersatzweise passt immer Walnussöl.

BEEREN-AUFSTRICH

TIPP
Schmeckt auch in Joghurt oder Quark.

Mit Beeren lässt sich viel zubereiten. Wer gerne Süßes auf dem Brot mag, grundsätzlich aber mit wenig Zucker auskommt, könnte sich in diesen Aufstrich verlieben.
Ohne die üblichen Mengen konservierenden Zuckers oder anderen Zusatzstoffen zubereitet, punkten die Beeren mit ihrem Aroma und natürlicher Süße.
Im Kühlschrank hält sich der Aufstrich maximal 2 Wochen.

ZUTATEN

300 g **FRISCHE BEEREN** DER SAISON (oder tiefgefroren)

1 Spritzer **ZITRONENSAFT**

2–3 EL **ZUCKER** oder **HONIG**

3–4 TL **CHIA-SAMEN**

ZEITHORIZONT FÜR DIE ZUBEREITUNG

ca. 15 Minuten

1 Beeren waschen, in den Topf geben und unter Rühren kurz aufkochen. Große Beeren dabei mit dem Kochlöffel zerkleinern.

2 Chia-Samen und Zitronensaft einrühren.

3 Topf vom Herd nehmen, den Aufstrich in zwei kleine Gläser umfüllen, fest verschließen und auskühlen lassen.

WINTER

Dezember / Januar / Februar

Sie ist da, die stade Zeit. In früheren Zeiten war es wichtig, bis dahin die Vorratskeller gefüllt zu haben, damit das Überleben gesichert ist. In welchem Luxus leben wir, auch jetzt nicht über das „Tägliche Brot" nachdenken zu müssen. Wir können kaufen, was wir selbst nicht produziert oder eingelagert haben. Damit können wir uns entspannt Dingen widmen, für die übers Jahr keine Zeit war, Einkehr halten und uns regenerieren. Das sollten wir uns gönnen. Auch die Natur macht Pause, damit sie im ewigen Kreislauf wieder Kräfte sammeln kann. Einige wenige Ausnahmen finden sich dennoch, die sich genau diese Jahreszeit für ihre Blüte ausgesucht haben. Das sind die Christrose und der aus Ostasien stammende Winterjasmin. Beide finden sich in Parks und Gärten und erfreuen uns in der dunklen Jahreszeit.

Vergessen Sie nicht, am 4. Dezember einen Barbarazweig zu schneiden. Dann dürfen Sie sich an Weihnachten über weitere Blüten freuen.

Bis zur Fastnacht ist noch eine lange Zeit.

WAS HAT SAISON?

Nun wird alles ausgepackt, was uns das Jahr über von der Natur geschenkt wurde.

Lagerobst, Lagergemüse und allerlei Eingemachtes wandern aus dem Vorratskeller in die Küche und bringen neue Gerichte auf den Tisch, die für die Jahreszeit typisch sind. Es ist die Zeit der Nüsse und Dörrfrüchte, Äpfel, Kartoffeln und Rüben, von Sauerkraut und anderen eingelegten, fermentierten Köstlichkeiten. Das war früher die gängige Methode, um Lebensmittel haltbar zu machen, ist außerdem gesund und erlebt gerade eine Renaissance.

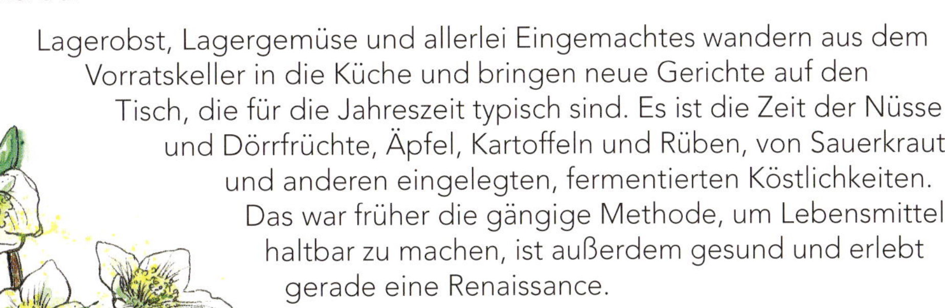

FESTE UND LOSTAGE IM WINTER:

Nikolaustag, Advent, Weihnachten, Silvester, Neujahr, Heilige Drei Könige, Fastnacht/Fasching, Valentinstag

DINKEL-BUTTERMILCH-KUGELN

» … weil's einfach nicht nur nach Weißbrot schmeckt …

Dafür sorgen in dieser relativ einfachen Rezeptur Dinkel, Roggensauer und der Faktor Zeit.
Bei der langen Stockgare von 12 Stunden können sich die Aromen wunderbar entfalten. Gleichzeitig ist das Brot locker-fluffig, hat eine gute Frischhaltung und lässt sich auch gut toasten.
Das Rezept ergibt zwei kleine Laibe oder einen großen.

ZUTATEN FÜR 2 KUGELN

500 ml **BUTTERMILCH** (zimmerwarm)
18 g **SALZ**
5 g **FRISCHHEFE**
30 g **ANSTELLGUT ROGGEN**
14 g **HONIG**
50 g **ORANGENSAFT** (frisch)
50 g **WASSER** (handwarm)
900 g **DINKELMEHL TYPE 630**

EQUIPMENT

GROSSE HEFETEIGSCHÜSSEL,
2 GÄRKÖRBE (je 750 g)
bzw. alternativ
1 GROSSER GÄRKORB (1500 g)

ZEITHORIZONT FÜR DIE ZUBEREITUNG

VORTAG
Teigzubereitung: 40 Min.
+ Stockgare: 12 Std.
bei Zimmertemperatur

BACKTAG
Teig: 20 Min.
+ Stückgare: ca. 40 Min.

BACKEN
Backofen vorheizen auf 250 °C, Ober- und Unterhitze, bei 180 °C ca. 50 Min. backen.

ZUBEREITUNG

1 In der zimmertemperierten Buttermilch Salz, Hefe, Anstellgut und Honig auflösen. Orangensaft und warmes Wasser einrühren.

2 Dinkelmehl in die Schüssel geben und einarbeiten. Teig 30 Min. zugedeckt ruhen lassen, dann einmal dehnen und falten.

3 Schüssel wieder mit dem Deckel verschließen, den Teig (z. B. über Nacht) zur Stockgare beiseitestellen.

4 Teig vom Schüsslerand lösen, auf bemehlte Arbeitsfläche stürzen und in zwei Stücke teilen. Laibe formen, in Gärkörbe setzen (Schluss nach oben) und ca. 40 Min. gehen lassen.

5 In den vorgeheizten Backofen auf das heiße Blech stürzen, sofort bedampfen und nach Anleitung backen.

TIPP
Alternativ kann das Brot auch in Backformen gebacken werden, z. B. verteilt in zwei Kastenformen, oder als ein Laib in einer Springform oder Bratreine.

ZUTATEN FÜR 2 LAIBE

VORTAG
SAUERTEIG
105 g **ROGGENVOLLKORNMEHL**
115 g **WASSER** (handwarm)
5 g **ANSTELLGUT ROGGEN**

BACKTAG
VORTEIG
800 g **WASSER** (handwarm)
25 g **SALZ**
220 g **ROGGENSAUERTEIG** vom Vortag
15 g **FRISCHHEFE**
400 g **ROGGENVOLLKORNMEHL**
2 EL **BROTGEWÜRZ**

HAUPTTEIG
VORTEIG
600 g **ROGGENMEHL TYPE 997**

EQUIPMENT
HEFETEIGSCHÜSSEL, TEIGKARTE, 2 GÄRKÖRBE 1 kg

» Gibt man eine Prise Schabzigerklee in den Teig, schmeckt das Brot ähnlich wie Vinschgauer.

Für diese Variante kann man auch kleinere, fladenähnliche Laibe formen und auf zwei Blechen verteilt ca. 30 Min. nacheinander backen.

ROGGEN-ZWIESPÄNNER

Ein reines Roggenbrot mit Sauerteig und Hefe angetrieben – zu gut, um nur eines zu backen. Durch die getrennte Sauerteigführung ist das Brot am Backtag in weniger als 4 Stunden gemacht. Wer es lieber ungewürzt mag, der lässt das Brotgewürz einfach weg.

ZEITHORIZONT FÜR DIE ZUBEREITUNG

VORTAG
Sauerteig: 10 Min.
+ Reife: ca. 24 Std.

BACKTAG
Vorteig: 10 Min.
+ Ruhezeit: 60 Min.
Hauptteig: 10 Min.
+ Stockgare: ca. 2 Std.
+ Stückgare: ca. 30 Min.

BACKEN
Backofen mit Blech vorheizen auf 250 °C, Ober- und Unterhitze.
Von 230 °C auf 180 °C fallend ca. 50 Min. backen.

ZUBEREITUNG

VORTAG

1 Sauerteig nach Anleitung (S. 22) herstellen.

BACKTAG

2 Den Sauerteig mit den weiteren Zutaten zum Vorteig vermengen und 60 Min. bei Zimmertemperatur ruhen lassen.

3 Anschließend mit dem restlichen Roggenmehl den mittelfesten Hauptteig herstellen und in der Schüssel abgedeckt zur Stockgare bei Zimmertemperatur beiseitestellen. Das Teigvolumen sollte sich in etwa verdoppeln.

4 Den Teig mit etwas Mehl bestäuben, vom Schüsselrand lösen, auf die bemehlte Arbeitsfläche stürzen und mit der Teigkarte in zwei gleich große Stücke teilen.

5 Mit möglichst wenig Druck zu Laiben formen, damit die im Teig vorhandenen Gärblasen nicht herausgedrückt werden.

6 Die bemehlten Laibe zur Stückgare in die Gärkörbe legen.
Alternativ kann die Stückgare wie dargestellt auch auf einem Holzbrett erfolgen. Der Teigling wird dann flacher.

7 Die beiden Laibe nach ca. 30 Min. aus dem Gärkorb auf das heiße Blech stürzen bzw. mit der Teigkarte vorsichtig vom Untergrund lösen und aufs Blech heben.

8 Im Ofen sofort bedampfen und nach Anleitung backen.

TIPP
Die Haselkätzchen können durch gepufften Amaranth ersetzt werden.

ZUTATEN FÜR 2 LAIBE

KOCHSTÜCK

123 g **WASSER**
77 g **EINKORN** (ganze Körner)
3 g **SALZ**

QUELLSTÜCK

100 g **HASELNÜSSE**
(gute Sorte, z. B. runde Römer)
100 g **WASSER** (kalt)

SAUERTEIG

50 g **WASSER** (handwarm)
65 g **DINKELMEHL TYPE 630**
5 g **ANSTELLGUT ROGGEN**

HAUPTTEIG

500 g **WASSER** (handwarm)
SAUERTEIG
QUELLSTÜCK
KOCHSTÜCK
10 g **FRISCHHEFE**
16 g **SALZ**
50 g **HASELKÄTZCHEN**
(s. Hinweis auf rechter Seite!)
700 g **DINKELMEHL TYPE 630**
1 EL **NUSSÖL**

EQUIPMENT

MÖRSER, 2 GÄRKÖRBCHEN

HASELKÄTZCHEN-BROT

Hinweis:
Ca. 70 g ungeöffnete Haselkätzchen ernten und von den Stielen befreit mörsern.

Ein köstliches Brot mit dem besonderen Etwas – würzig und mild-nussig im Geschmack.
Ungewöhnlich die Zutat: Haselkätzchen – für manchen Allergiker ein Reizthema im wahrsten Sinne des Wortes.
Nun gibt es keine Forschungen darüber, inwieweit diese „Pollen-Proteinbomben" beim Verzehr allergische Reaktionen auslösen oder nicht, also kann man es als Betroffener nur vorsichtig testen. Nach eigenen Erfahrungen konnten alle bekannterweise allergiebelasteten Personen dieses Brot völlig unbeschadet genießen.

ZEITHORIZONT FÜR DIE ZUBEREITUNG

VORTAG

Kochstück, Sauerteig und Quellstück: 35 Min.
Reife bzw. Quellzeit: ca. 12–24 Std. bei Zimmertemperatur

BACKTAG

Hauptteig: 30 Min.
+Stockgare: ca. 2–3 Std.
+Stückgare: 30 Min.

BACKEN

Backofen mit Blech vorheizen auf 250 °C, Ober- und Unterhitze.
Von 230 °C auf 200 °C fallend 50 Min. backen.

ZUBEREITUNG

VORTAG

1 Für das Kochstück Einkorn und 3 g Salz in kaltem Wasser aufsetzen, ca. 35 Min. köcheln lassen. Abgedeckt nachquellen und auskühlen lassen.

2 Währenddessen als Quellstück Nüsse in Wasser einweichen.

3 Sauerteig nach Anleitung (S. 22) herstellen.

BACKTAG

4 Für den Hauptteig Hefe und Salz im Wasser auflösen. Alle weiteren Zutaten bis auf das Öl in der angegebenen Reihenfolge vermischen, zuletzt das Mehl dazugeben und einarbeiten, bis ein glatter Teig entstanden ist.

5 10 Min. Teigruhe.

6 Öl zum Teig geben und den Teig nochmals durchkneten, bis das Öl aufgenommen ist.

7 10 Min. Teigruhe.

8 Teigstück dehnen und falten, dann abgedeckt in der Schüssel ca. 2–3 Std. bei Raumtemperatur ruhen lassen.

9 Teig bemehlen, vom Schüsselrand lösen und auf die Arbeitsfläche stürzen, 2 Laibe formen.

10 Bemehlt in die Gärkörbe setzen und ca. 30 Min. aufgehen lassen.

11 Auf das heiße Blech stürzen und nach Anleitung backen.

KONFETTIBROT

Ein außergewöhnlich farbenfrohes Brot, das im Aussehen einem Kuchen ähnelt und dennoch gleichermaßen für süßen wie salzigen Belag offen ist. Auch einfach nur mit Butter oder Frischkäse bestrichen ist es ein Genuss.

Buntes Gemüse, reich an natürlichen Farbstoffen, sorgt einerseits für die Konfetti-Optik und zusammen mit dem verwendeten Natursauer für eine lange Frischhaltung.

» Eine echte Empfehlung – auch für „konservative" Brotgenießer.

ZEITHORIZONT FÜR DIE ZUBEREITUNG

VORTAG
Sauerteig und Quellstück: 15 Min.
Reifen: 12–24 Std. bei Zimmertemperatur

BACKTAG
Hauptteig: 20 Min.
Teigruhe: 15 Min.
+ Stückgare: ca. 2 Std. bei Zimmertemperatur

BACKEN
Backofen vorheizen auf 250 °C, Ober- und Unterhitze, bei 200 °C ca. 60 Min. backen.

ZUBEREITUNG

VORTAG

1 Sauerteig nach Anleitung (S. 22) herstellen.

2 Saaten mit Wasser als Quellstück ansetzen.

BACKTAG

3 Möhren waschen, schälen und mit einer groben Reibe zerkleinern. Dabei die kräftig färbenden violetten nicht mit den gelben und orangefarbenen Möhren vermischen.

4 Für den Hauptteig in eine ausreichend große Schüssel 310 g warmes Wasser abwiegen, Hefe und Salz darin auflösen. Zuerst Sauerteig, Quellstück und Weizenmehl, dann gepufften Amarant, gelbe und orangene Möhren und Öl einarbeiten. Die violetten Möhrenschnitzel erst ganz zum Schluss mit möglichst wenig kneten dazugeben, damit diese den Teig nicht komplett einfärben.

5 15 Min. Teigruhe, Schüssel abdecken.

6 Teig auf bemehlte Arbeitsfläche stürzen, mit der Teigkarte in zwei Stücke teilen und zwei längliche Laibchen formen. Den Teig dabei nicht mehr durchkneten!
Beide Stücke in die Kastenform legen, abgedeckt zur Stückgare beiseitestellen. Die Teiglinge sollten sich um die Hälfte vergrößern.

6 Die Backform in den vorgeheizten Ofen stellen und wie angegeben backen. Das Brot bekommt eine resche Kruste, wenn man es die letzten 10 Min. ohne Form (ggf. verwendetes Backpapier ebenfalls entfernen) backt. Anschließend auf einem Gitterrost auskühlen lassen.

ZUTATEN FÜR 1 KASTENFORM

VORTAG
SAUERTEIG
100 g **ROGGENSCHROT**
100 g **WASSER** (handwarm)
5 g **ANSTELLGUT ROGGEN**

QUELLSTÜCK
25 g **SONNENBLUMENKERNE**
25 g **KÜRBISKERNE**
25 g **LEINSAMEN**
100 g **WASSER** (kalt)

BACKTAG
HAUPTTEIG
310 g **WASSER** (handwarm)
SAUERTEIG VOM VORTAG
QUELLSTÜCK
15 g **FRISCHHEFE**
18 g **SALZ**
220 g **BUNTE MÖHREN** (geschält 200 g)
50 g **GEPUFFTER AMARANT** (alternativ Haferflocken)
550 g **WEIZENMEHL TYPE 550**

EQUIPMENT
1 KASTENFORM ca. 28 – 30 cm, GEFETTET bzw. MIT BACKPAPIER AUSGELEGT, GEMÜSEREIBE

TIPP
Frisch geerntete Bio-Möhren können auch ungeschält verarbeitet werden. Dann entfällt der eingerechnete Schälverlust von ca. 20 %.

ROTKÄPPCHENBROT

Die Rote Bete ist ein alter, natürlicher Farbstofflieferant. Im Brot hält sich die Farbe (leider) nicht bis über das Backen hinaus – zumindest nicht im ursprünglichen Farbton. Geschmacklich lässt das Brot keine Wünsche offen und die Rote Bete schmeckt auch nicht hervor – die Großmutter hätte sich ganz sicher darüber gefreut …

ZEITHORIZONT FÜR DIE ZUBEREITUNG

VORTAG
Sauerteig: 10 Min.
Reifen: ca. 24 Std.
bei Zimmertemperatur

BACKTAG
Hauptteig: 60 Min.
+ Stockgare: ca. 6 Std.
+ Stückgare: ca. 30 – 40 Min.
bei Zimmertemperatur

BACKEN
Backofen mit Blech vorheizen auf 230 °C, Ober- und Unterhitze, auf 180 °C fallend ca. 60 Min. backen.

ZUBEREITUNG

VORTAG

1 Sauerteig nach Anleitung (S. 22) herstellen.

BACKTAG

2 Ggf. Rote Bete dämpfen oder gekocht kaufen.

3 Gekochte Rote Bete schälen, in kleine Würfel schneiden und mit dem Wasser zu Mus mixen / pürieren.

4 Für den Hauptteig den Sauerteig vom Vortag, Rote-Bete-Mus, Hefe, Salz und Weizenmehl vermengen.

5 Roggenmehl dazugeben und Teig kneten.

6 30 Min. ruhen lassen, dehnen und falten, abdecken und zur Stockgare beiseitestellen.

7 Teig aus der Schüssel auf die Arbeitsfläche geben, mit möglichst wenig Mehl rundwirken und mit Schluss nach unten oder oben zur Stückgare in einen Gärkorb legen.

8 Backofen vorheizen.

9 Laib auf heißes Blech stürzen, ggf. einschneiden und nach Anleitung backen.

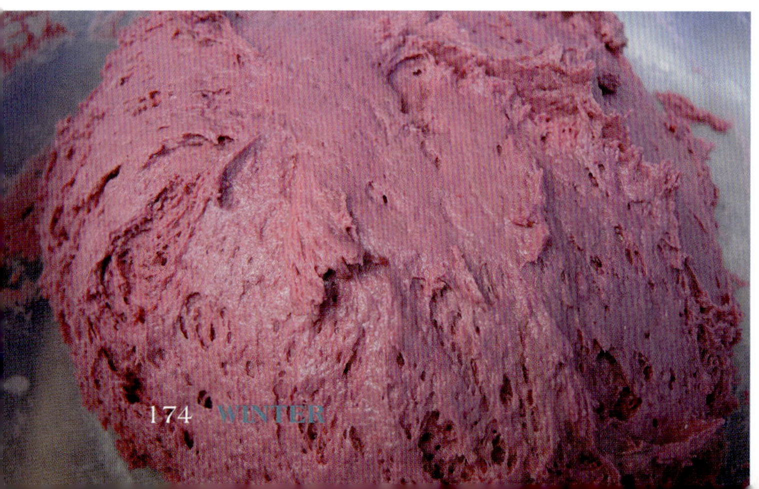

ZUTATEN FÜR 1 LAIB

VORTAG: SAUERTEIG

100 g **WASSER** (handwarm)

100 g **DINKELVOLLKORNMEHL**

1 TL **ANSTELLGUT DINKEL** oder **ROGGEN**

BACKTAG: ROTE-BETE-MUS

200 g **GEKOCHTE ROTE BETE** (geschält)

300 g **WASSER**

HAUPTTEIG

ROTE-BETE-MUS

SAUERTEIG VOM VORTAG

10 g **FRISCHHEFE**

20 g **SALZ**

250 g **WEIZENMEHL TYPE 550**

300 g **ROGGENMEHL TYPE 997**

150 g **ROGGENVOLLKORNMEHL**

EQUIPMENT

MIXER/PÜRIERSTAB, GROSSE HEFETEIGSCHÜSSEL, GÄRKORB (1,5 kg)

TIPP

Wer mag: In den Teig einen EL geschroteten Kümmel und/oder eine Handvoll Sonnenblumenkerne dazugeben.

FRÜCHTEBROT

Neben Plätzchen und Stollen gehört bei uns auch ein Früchtebrot zum adventlichen Naschangebot.
Die klassische Variante ist uns zu süß und zu schwer. Deshalb entstand ein Brot mit Dörrfrüchten und Nüssen. Durch den geringeren Anteil an Zucker ist dieses weniger lang haltbar und kühle Aufbewahrung empfehlenswert.
Wer es gerne weniger süß mag, sollte sich daran einmal versuchen.

ZUTATEN FÜR 1 KASTENFORM

VORTAG(E)

SAUERTEIG

benötigt werden
50 g **SAUERTEIG,**
der vom Brotbacken der letzten Tage übrig sein kann

Andernfalls frischen Sauerteig ansetzen:

65 g **WASSER** (handwarm)

55 g **ROGGENVOLLKORNMEHL**

1 TL **ANSTELLGUT ROGGEN**

DÖRROBST MARINIEREN

ebenfalls auch schon mehrere Tage vor dem Backen möglich

400 g **DÖRROBST** (Zwetschgen, Feigen, Aprikosen, Datteln, Rosinen, Birnen und Äpfel)

60 ml **RUM** 42 vol-%

QUELLSTÜCK

100 g **BAUMNÜSSE** (Walnüsse, Haselnüsse und Mandeln)

60 ml **WASSER** (kalt)

BACKTAG

VORTEIG

300 ml **MILCH** (3,5 %)

10 g **FRISCHHEFE**

50 g **ANSTELLGUT ROGGEN**

30 g **HONIG**

6 g **SALZ**

20 g **AKTIVES MALZMEHL**

100 g **ROGGENVOLLKORNMEHL**

200 g **DINKELMEHL TYPE 630**

200 g **DINKELVOLLKORNMEHL**

HAUPTTEIG

VORTEIG

MARINIERTE DÖRRFRÜCHTE

QUELLSTÜCK NÜSSE

60 g **BUTTER** (kalt)

EQUIPMENT

GROSSE HEFETEIGSCHÜSSEL,
KASTENFORM 28–30 cm,
BACKPAPIER

Fortsetzung auf Seite 178 ➤

ZEITHORIZONT FÜR DIE ZUBEREITUNG

VORTAG(E): 20 Min.

BACKTAG
Teigzubereitung: 20 Min.
+ Stockgare: 2 Std.
in der Schüssel
+ Stückgare: ca. 2–3 Std.
in der Kastenform
bei Zimmertemperatur

BACKEN
Backofen mit Blech vorheizen auf 200 °C, Ober- und Unterhitze, bei 170 °C ca. 60 Min. backen.

ZUBEREITUNG

VORTAG(E)

1 In einem dicht verschließbaren Gefäß das Dörrobst mit Rum ansetzen.

2 Die Nüsse im Wasser einweichen. Im Kühlschrank aufbewahren.

3 Beide Gefäße gelegentlich schütteln. Es sollte alle Flüssigkeit aufgenommen werden.

4 Sauerteig nach Anleitung (S. 22) herstellen, sofern kein fertiger noch junger Sauerteig (Anstellgut) vorhanden ist.

BACKTAG

5 Für den Vorteig alle Zutaten in der angegebenen Reihenfolge vermischen.
Dabei zunächst Hefe, Sauerteig, Honig und Salz in der Milch auflösen.

6 10 Min. Teigruhe. Teig nochmals durcharbeiten.

7 Schüssel verschließen, an einen warmen Ort stellen. 25–27 °C wären optimal. (z. B. neben den Ofen oder Heizkörper = 1. Stockgare 60 Min.)

8 Dörrfrüchte und Nüsse (ggf. überschüssiges Wasser abgießen) einarbeiten, zum Schluss die Butter in Flocken zum Teig geben und diesen durchkneten, bis sie komplett aufgenommen ist.

9 Schüssel verschließen und nochmals eine Stunde ruhen lassen (= 2. Stockgare 60 Min.).

10 Die Arbeitsfläche mit Dinkelvollkornmehl bestreuen. Teig aus der Schüssel daraufgeben und zu einer Rolle formen, so lang wie die Kastenform.

11 Kastenform mit Backpapier auskleiden und Teigrolle hineinlegen.
In der Stückgare zugedeckt ca. 2 Std. aufgehen lassen.

12 In den vorgeheizten Backofen stellen und nach Anleitung backen.

13 Das fertige Früchtebrot aus der Form nehmen und auf einem Gitter auskühlen lassen.

» Besonders saftig und aromatisch wird und bleibt es, wenn man es nach dem vollständigen Erkalten in Alufolie einwickelt und zwei Tage kühl durchziehen lässt.

ROGGENE MILCHSEMMELN

Aus dem Teig vom Früchtebrot

ZUBEREITUNG

Dazu den Teig für das Früchtebrot wie beschrieben von Punkt 4 bis 9 – nur ohne die Dörrfrüchte und Nüsse – zubereiten.

1 Den Teig aus der Schüssel auf die Arbeitsfläche legen und in 8 Teiglinge teilen, diese rund einschlagen und für 15 Min. auf der Arbeitsfläche entspannen lassen. Mit Mehl sehr sparsam umgehen, da es sonst „weiße Adern" im fertigen Gebäck hinterlässt.

2 Dann die Stücke zu Teigkugeln formen (rund einschlagen oder rundschleifen).

3 Jetzt mit dem Schluss nach unten auf ein Blech (mit Dauerbackfolie) legen und mit der Hand etwas flach drücken (wie einen Bratling).

4 Mit einem Tuch abdecken und 30 – 60 Min. aufgehen lassen, bis das Volumen sich fast verdoppelt hat.

5 Die Teiglinge mit Milch abstreichen, dann mit dem Rücken der Teigkarte in der Mitte bis fast aufs Blech eindrücken (klassische Milchsemmelform).

6 Backofen auf 250 °C vorheizen.

7 Gebacken werden die Semmeln für 25 – 30 Min. bei 230 °C (sofort bedampfen) fallend auf 210 °C, bis sie goldbraun sind.

SCHWARZWURZEL-SUPPE

Ein lange Zeit fast in Vergessenheit geratenes Wintergemüse findet sich wieder häufiger auf Märkten und in Gemüsetheken: die Schwarzwurzel, oft auch Winterspargel genannt. Daumendicke, lagerfähige Wurzelstangen versorgen uns in der kalten Jahreszeit mit Vitaminen, reichlich Mineral- und Ballaststoffen. Als Korbblütengewächs ist sie u. a. mit Topinambur und Löwenzahn verwandt. Insbesondere mit letzterem gemein hat sie einen klebrigen, milchig-weißen Saft, der hartnäckige Flecken an Haut und Kleidung hinterlässt. Beim Schälen empfehlen sich daher unbedingt Gummi(einweg)handschuhe und eine Schürze. Sicher war dies der Grund, warum das Gemüse in der Beliebtheitsskala nach unten gerutscht war.

TIPP
Die Wurzeln färben sich nach dem Schälen sehr schnell dunkel, deshalb kommen sie gleich in ein Bad aus Zitronenwasser.

ZUTATEN FÜR 4 PERSONEN

600 g frische **SCHWARZWURZELN**
200 g **KARTOFFELN MEHLIG KOCHEND**
1 **ZWIEBEL** (ca. 100 g)
25 g **BUTTER**
1 EL **DINKEL- ODER WEIZENMEHL**
800 ml **GEMÜSEBRÜHE**
200 ml frische **SAHNE**
1 **ZITRONE**
BUNTER PFEFFER aus der Mühle
KREUZKÜMMEL
MUSKATNUSS GEMAHLEN

EQUIPMENT

SPARSCHÄLER,
PÜRIERSTAB ODER MIXER

ZEITHORIZONT FÜR DIE ZUBEREITUNG

ca. 60 Minuten

1 Schwarzwurzeln unter fließendem Wasser gründlich waschen.

2 Zitrone halbieren, auspressen, 2 EL vom Saft für die Suppe aufheben. Den restlichen Saft mit 0,5 l kaltem Wasser in einer Schüssel bereitstellen.

3 Wurzeln schälen, in 3–4 cm lange Stücke schneiden und sofort in das Zitronenwasser legen.

4 Kartoffel schälen, würfeln und zu den Schwarzwurzeln geben.

5 Zwiebel geschält und gewürfelt in der Butter unter Rühren glasig dünsten.

6 Schwarzwurzeln mit Kartoffeln abseihen, dazugeben, mit dem Mehl bestäuben, umrühren. Gemüsebrühe aufgießen und mit Pfeffer und etwas Kreuzkümmel abschmecken.
Deckel auf den Topf legen und bei schwacher Hitze ca. 30 Min. köcheln lassen.

7 Sahne zur Suppe geben, diese pürieren, nun nicht mehr kochen!

8 Mit etwas geriebener Muskatnuss würzen und Salz abschmecken.
Im Teller mit frischen Rettichsprossen garnieren und mit gerösteten Brotscheiben servieren.

ZUTATEN FÜR 4 PERSONEN

1 **ZWIEBEL** (ca. 100 g)
600 g **BLAUKRAUT** (geputzt gewogen)
30 g **SCHWEINESCHMALZ**
1 TL **ZUCKER**
20 g **BALSAMICO**
200 ml **APFELSAFT** (oder Orangensaft)
2 EL **DINKELVOLLKORNMEHL**
1 l **GEMÜSEBRÜHE**
2 **LORBEERBLÄTTER**
5 **WACHOLDERBEEREN**
10 **PFEFFERKÖRNER**
1 TL **KÜMMEL**
1 **GEWÜRZNELKE**
1 TL **PAPRIKAPULVER EDELSÜSS**
KRÄUTERSALZ
50 g **WALNÜSSE**
1 **ORANGE**
1 Becher **SCHMAND** oder **SAUERRAHM**
SPROSSEN oder **FRISCHE KRÄUTER**

EQUIPMENT

MÖRSER (SOWEIT KEINE GEMAHLENEN GEWÜRZE VERWENDET WERDEN), ggf. PÜRIERSTAB/MIXER

BLAUKRAUT-SUPPE

Blaukraut bleibt Blaukraut und … was ist mit Rotkohl? Die Pflanze ist die gleiche, aber die Zutaten entscheiden über die Farbe. Vielleicht erinnern wir uns an dieser Stelle an ein Experiment aus der Schulzeit. Essig (sauer) sorgt für rotes Kraut während Natron (basisch) es in Richtung blau färbt.
Blaukraut kennen wir hauptsächlich als Salat und Gemüsebeilage zu Braten. Wer das gerne isst, wird auch die Suppe mögen. Die Zubereitung ist ähnlich.

ZEITHORIZONT FÜR DIE ZUBEREITUNG

ca. 60 Minuten

1 Zwiebel häuten und fein würfeln.

2 Blaukraut putzen und in dünne Streifen hobeln.

3 Zwiebel in Schweineschmalz glasig dünsten, Zucker dazugeben und hellbraun karamellisieren lassen.

4 Gehobeltes Kraut und Lorbeerblätter dazugeben, Essig und Saft angießen, umrühren und bei geringer Hitze 5 Min. weiter dünsten.

5 Gewürze im Mörser zerkleinern, mit Paprika und Mehl zum Gemüse geben, umrühren.

6 Brühe aufgießen, mit Kräutersalz abschmecken.

7 Mit geschlossenem Deckel ca. 30 Min. leicht köcheln lassen, bis das Kraut weich ist. Dabei gelegentlich umrühren.

8 Inzwischen die Walnüsse knacken und 50 g Nüsse abwiegen, fein hacken.

9 Schmand zum Anrichten mit etwas Wasser cremig rühren und beiseitestellen.

10 Suppe mixen.

11 In Schalen mit Schmand, Nüssen und Sprossen anrichten.
Dazu passt gut ein kräftiges Roggenbrot.

VALENTIN-SUPPE
Liebesgrüße aus dem Suppenteller

ZUTATEN FÜR 4 PERSONEN

2–3 **ROTE BETE** (je nach Größe)
600 g **MÖHREN**
1 **ZWIEBEL** (ca. 100 g)
30 g **BRATÖL** (oder Butter)
3 **KNOBLAUCHZEHEN**
200 g **KOKOSCREME**
700 ml **GEMÜSEBRÜHE**
1 **UNBEHANDELTE ORANGE**
ca. je 1 Msp. **KÜMMEL, KURKUMA, PIMENT, WEISSER PFEFFER** (gemahlen)
MUSKATNUSS GERIEBEN
8 Scheiben **BROT** zum Toasten (z. B. Rotkorn-Chia-Kasten)
KRESSE oder **RADIESCHENSPROSSEN**
CHILISOSSE

EQUIPMENT

PLÄTZCHENAUSSTECHFORM „HERZ" IN VERSCHIEDENEN GRÖSSEN

ZEITHORIZONT FÜR DIE ZUBEREITUNG

ca. 60 Minuten

1 Rote Bete waschen, ungeschält ca. 40 Min. dämpfen.

2 Inzwischen Möhren ggf. schälen, Zwiebel abziehen und alles Gemüse würfeln.

3 Öl erhitzen, Zwiebeln darin glasig dünsten, dann Möhren dazugeben und mit Gemüsebrühe aufgießen.

4 Mit Kümmel, Kurkuma und Piment würzen und ca. 30 Min. köcheln lassen.

5 Knoblauch schälen und sehr fein hacken.

6 Orange längs halbieren, eine Hälfte auspressen, Masse pürieren, Kokoscreme, Orangensaft und Knoblauch einrühren. Jetzt nicht mehr aufkochen lassen!

7 Abschmecken mit einer Prise frisch geriebener Muskatnuss, warmhalten.

8 Rote Bete pellen, in ca. 0,5 cm dicke Scheiben schneiden, verschieden große Herzen ausstechen.

9 Brot toasten, Herzen ausstechen.

10 Suppe mit Brot- und Bete-Herzen anrichten. Tellerrand mit Chilisoße dekorieren.

11 Die übrigen Brot- und Betestücke kann man zusammen mit der halben Orange gewürfelt und mit Kresse/Sprossen bestreut dazu reichen – oder man vernascht sie einfach, bis die Suppe auf den Tisch kommt.

TIPP
Gleich eine größere Menge Rote Bete dämpfen und das Rotkäppchenbrot backen.

NUSS-KARAMELL-CREME

Sahnige Karamell-Soße kann man einfach selber machen.
Das klappt mit nur wenigen Zutaten in kurzer Zeit. Für ein richtiges Salzkaramell kann man auf diese Weise die Menge des Salzes individuell bestimmen. Die gerösteten Nüsse kann man auch weglassen, stattdessen z. B. Schokosplitter bzw. Raspelschokolade einrühren – ganz nach persönlichem Belieben. Im Kühlschrank hält sich die Creme etwa vier Wochen, portionsweise Entnahme mit einem jeweils sauberen Löffel vorausgesetzt.

ZUTATEN

200 g **ZUCKER**
180 g **SCHLAGSAHNE**
100 g **BUTTER**
1 TL **FLEUR DE SEL** (bzw. nach Geschmack)
40 g **BAUMNÜSSE GERÖSTET** (blanchierte Mandeln, Hasel- und Walnüsse)

ZEITHORIZONT FÜR DIE ZUBEREITUNG

ca. 30 Minuten

1 Den Zucker in einem weiten Topf ca. 10 Min. erhitzen.

2 Sobald er zu schmelzen beginnt, Hitze auf Mittelhitze reduzieren und langsam weiterrühren, bis er komplett geschmolzen ist und eine goldgelbe Farbe bekommt. Mit Geduld arbeiten: wird der Zucker zu stark erhitzt, wird das Karamell dunkel und bitter.

3 Parallel in einem anderen Topf die Sahne erhitzen – nicht kochen, Fleur de Sel einrühren, Platte ausschalten.

4 Butter in Stücken nach und nach unter Rühren zum geschmolzenen Zucker geben. Die Sahne mit dem Fleur de Sel vorsichtig und langsam einrühren und die Masse kurz (ca. 2 Min.) köcheln lassen.

5 Die gerösteten Nüsse zerkleinern (fein hacken oder mixen) und unter die Creme mengen.

6 Die Karamellmasse heiß in Gläser füllen.

SCHOKO-WALNUSS-AUFSTRICH

Auf einem frisch gebackenen Weißbrot ist ein feiner Schoko-Aufstrich eine echte Verführung. Walnüsse und Gewürze sorgen für den besonderen Genuss. Wer lieber Vollmilchschokolade mag – kein Problem! Das lässt sich ebenso einfach austauschen wie die Nussart.
Eine andere Variation ist die Verwendung von weißer Schokolade, dazu Kokosflocken, Mandeln, Vanille und Zimt.

ZUTATEN

75 g **ZARTBITTERSCHOKOLADE**
60 g **WALNÜSSE GEMAHLEN**
150 g **SCHLAGSAHNE**
30 g **BUTTER**
30 g **BRAUNER ZUCKER**
1 Prise **SALZ**
je 1 Msp. von **ZIMT, KARDAMOM, PIMENT, CHILI**

ZEITHORIZONT FÜR DIE ZUBEREITUNG

ca. 30 Minuten

1 Die Schokolade in einem Topf bei geringer Hitze schmelzen.

2 Zucker, Butter und Sahne nach und nach unter Rühren zugeben.

3 Nach Geschmack würzen und die gemahlenen Nüsse einrühren.

4 Creme heiß abfüllen.

ROTE-BETE-DIP

ZUTATEN

ca. 300 g **GEKOCHTE ROTE BETE**
1 EL **KÜMMEL** (ganz)
1 säuerlich-würziger **APFEL** (z.B. Boskop)
1 TL **HONIG**
1 EL **MEERRETTICH** aus dem Glas oder frisch geraspelt
½ **BIO-ZITRONE**
1 Schale **KRESSE-SPROSSEN**
200 g **JOGHURT** (3,5 – 4 % F.i.Tr.)
SALZ
SCHWARZER PFEFFER aus der Mühle
MUSKATNUSS

EQUIPMENT

RASPEL/HOBEL GROB UND FEIN, ggf. ZESTENSCHNEIDER

ZEITHORIZONT FÜR DIE ZUBEREITUNG

ca. 30 Minuten

Rote Bete am Vortag oder einige Stunden vorher je nach Größe ca. 30 – 45 Min. mit dem Kümmel wie Pellkartoffeln garen, abgießen und auskühlen lassen – alternativ bereits vorgegarte Rote Bete kaufen.

1 Rote Bete häuten, raspeln bzw. in sehr kleine Würfelchen schneiden.

2 Apfel waschen, Kernhaus entfernen und würfeln.

3 Bete- und Apfelwürfel in einer Schüssel mit Biojoghurt, Honig und Meerrettich mischen.

4 Zitrone waschen, die Schale (nur den gelben Teil) von einer Hälfte mit dem Zestenschneider ablösen, alternativ fein abraspeln.
Zitrone dann halbieren, eine Hälfte auspressen.

5 1 – 2 EL Saft, mit einem Teil der Zitronenschale und der fein gehackten Petersilie dazugeben.

6 Mit Salz, Schwarzem Pfeffer aus der Mühle und einem Hauch geriebener Muskatnuss abschmecken. Mit Zitronenzesten und Kräutern anrichten.

TIPP
Statt Kresse lassen sich auch Petersilie, Rucola oder andere Kräuter verwenden. Wer keinen Meerrettich mag, kann ihn durch 1 – 2 Knoblauchzehen ersetzen.

» Ein Farbknaller, der nicht nur als Aufstrich zu frisch gebackenem Brot schmeckt, sondern auch gut zu Pellkartoffeln passt.

WINTERLICHE VITAMINBOMBE

Sauerkraut betrachtet man meist eher als eine Beilage, z. B. zu Schweinebraten, denn als Zutat zu einem köstlichen Salat. Besonders fein schmeckt es, wenn man es selbst herstellt, wie Oma es einst machte. Die traditionelle Fermentation von Lebensmitteln hat längst das Interesse gesundheitsbewusster Genießer geweckt.
Die Kombination der Zutaten für diesen Salat mag ungewöhnlich sein, ist aber gleichzeitig auch weitgehend regional und saisonal. Man sollte ihn unbedingt probiert haben!

ZUTATEN FÜR 1 PORTION

200 g **SAUERKRAUT** – am besten selbst gemacht!
50 g **WALNÜSSE**
50 g **HARTKÄSE**
1 **ORANGE**
1 säuerlicher **APFEL** (z. B. Boskop oder Rambour)
1 Schale **FRISCHE SPROSSEN,** z.B. Kresse, Rucola, Radies
50 ml **ORANGENSAFT**
50 g **SCHMAND**
1 **KNOBLAUCHZEHE**
SALZ, BUNTER PFEFFER aus der Mühle

EQUIPMENT

evtl. AUSSTECHER FÜR BROTSTERNE

ZEITHORIZONT FÜR DIE ZUBEREITUNG

ca. 30 Minuten

1 Sauerkraut zuunterst in einen Teller geben.

2 Walnüsse knacken, verlesen und grob hacken. Käse würfeln.

3 Orange schälen, in Spalten teilen und diese halbieren.

4 Apfel waschen, vierteln, Kernhaus entfernen, würfeln, mit Orangensaft beträufeln.

5 Sprossen abschneiden und mit den anderen Zutaten auf dem Sauerkraut anrichten, restlichen Orangensaft darübergießen.

6 Knoblauchzehe schälen, sehr fein hacken, unter den Schmand rühren, mit Salz und Pfeffer würzen. Die Creme in der Mitte über den Salat gießen.

7 Vollkornbrot in Scheiben schneiden, Sterne ausstechen und den Salat damit belegen.

» Statt Sauerkraut sind auch Wintersalate wie Endivien oder Chicorée geeignet. Dann die Marinade zusätzlich mit weißem Balsamicoessig und Olivenöl anreichern.

KEIN BIER

Hopfen ist hauptsächlich als wesentliche Zutat zu Bier bekannt.
Als Beruhigungsmittel, gegen Schlafstörungen und Angstzustände wurde er früher schon in der Naturheilkunde eingesetzt.
Deshalb sollte man Hopfentee nicht trinken, wenn man noch Größeres vorhat, sondern eher wenn es gemütlich werden soll.
Man genießt den Tee kalt und ob man ihn süßt oder nicht, sei jedem selbst überlassen.

1 l **WASSER**
1 EL **HOPFENBLÜTEN**
1 EL **MALVENBLÜTEN**
4 BLÄTTER **MINZE**
6 BLÄTTER **GUNDERMANN**
6–8 (je nach Größe) Junge **BRENNNESSELBLÄTTER**

» Die Teekräuter können frisch oder getrocknet verwendet werden. Bei Hopfen und Malven stellt sich die Frage nicht. Die anderen Kräuter findet man bis zum späten Herbst frisch.

ZEITHORIZONT FÜR DIE ZUBEREITUNG

ca. 15 Minuten

1 Wasser zum Kochen bringen.

2 Teekräuter in eine Teekanne geben und mit kochendem Wasser übergießen und ca. 10 Min. ziehen lassen.

3 Kräuter abseihen, Tee nach Gusto süßen, in eine Karaffe füllen und abkühlen lassen. Soll das mal schneller gehen, kann man mit Eiswürfeln nachhelfen.

BÄCKERLATEIN
Fachbegriffe kurz erklärt

Ganz ohne Fachbegriffe kommt man nicht aus, will man nicht in jedem Rezept umfänglich beschreiben was genau zu verwenden oder wie etwas zu tun ist.
Bewusst habe ich in den Beschreibungen so weit wie möglich darauf verzichtet.
Dem ambitionierten Hobbybäcker wären manche Begriffe nicht fremd, für andere sind sie aber erklärungsbedürftig. Um diesem Bedarf gerecht zu werden und die Übersichtlichkeit der Rezepte zu wahren, sei an dieser Stelle alles Nötige erklärt.
Für detaillierte Informationen und die Erklärung weiterer Begriffe empfehle ich die Website *www.baeckerlatein.de,* die auch hauptsächlich für die nachfolgend abgedruckten Beschreibungen die Quelle ist.

ABSTREICHEN
Die Teiglinge werden vor dem Backen oder kurz vor bzw. nach Ende der Backzeit mit Flüssigkeit mit einem Pinsel (Naturborsten oder Silikon) z. B. mit Wasser, Milch oder Ei bestrichen.

ANSTELLGUT / ANSTELLSAUER (siehe auch die Beschreibung zum Sauerteig bei den Basics)
Anstellgut ist fertiger Sauerteig mit abgeschlossener Gärung, den man für das nächste Backen aufbewahrt. Mit Anstellgut, Wasser und Mehl kann man neuen Sauerteig herstellen.
Dies ist einfacher und geht schneller, als wenn man Sauerteig komplett neu herstellen muss (= 3-Stufen-Sauerteig).
Um dauerhaft triebstarken Sauerteig zum Backen zu haben, muss Anstellgut alle 7–10 Tage aufgefrischt werden. Die Aufbewahrung erfolgt im Kühlschrank. Ideal dafür ist ein Glas mit Glasdeckel, das man bis zum Rand befüllt und die Luft mit aufgelegtem Deckel verdrängt wird.
So hält er sich auch mehrere Wochen.
Die Triebstärke lässt dann allerdings nach.
Um diese wiederherzustellen, frischt man 2–4 mal auf.
Anstellgut kann auch als Aroma zum Brotteig gegeben werden.

AUTOLYSE
Bis zu ¼ von Mehl und Wasser wird zu einem Autolyseteig verarbeitet, den man bis zu 60 Minuten abgedeckt ruhen lässt, der dann in den Hauptteig eingearbeitet wird.
Ziel ist der Aufbau des Klebergerüstes bei Weizenteigen, womit Knetarbeit eingespart werden kann.

BACKMALZ / RÖSTMALZ / MALZMEHL: aktiv / inaktiv
Malz ist ein aus gekeimtem Getreide (meist Gerste, Weizen oder Roggen) hergestelltes Backmittel. Es kann die Krumen- und Krusteneigenschaften von Backwaren verbessern. Malz ist eines der ältesten Backmittel und zugleich ein natürliches Produkt.
Bei inaktivem Malz werden die Enzyme durch Erhitzen auf über 80 °C inaktiviert. Es wird hauptsächlich zur Geschmacksverbesserung

und zur Färbung von Broten (Röstmalz) eingesetzt.
Aktives Malzmehl beschleunigt den Stärkeabbau und versorgt so die Hefen schneller mit vergärbaren Zuckern. Es fördert die Lockerung der Krume und eine resche Kruste.

BACKTEMPERATUR / BEI FALLENDER TEMPERATUR BACKEN

Die Backtemperatur ist die Temperatur, bei der Backwaren gebacken werden. Sie unterteilt sich in die Anbacktemperatur und die Ausbacktemperatur.
Das Backen mit abfallender Hitze vermeidet eine zu schnelle Krustenbräunung. Dadurch kann die Backzeit verlängert werden. Dies wiederum verbessert den Geschmack und die Ausbildung von Kruste und Krume.

BEDAMPFEN / SCHWADEN

Dampf im Backofen sorgt für eine rösche und knusprige Kruste und ermöglicht dem Teig einen optimalen Ofentrieb (aufgehen im Ofen) und perfektes Gebäckvolumen.
Der Dampf ist meist sofort nach dem Einschießen zu erzeugen.
Die meisten Backöfen verfügen nicht über eine solche Funktion. Man kann sich aber anderweitig behelfen. Mein Mittel der Wahl ist das Einsprühen von warmem Wasser (mehrere Stöße) mittels einer Blumenspritzflasche in den Backofen.

BRÜHSTÜCK

Ein Brühstück ist eine Vorstufe für die Teigbereitung, um grobe Brotbestandteile (z. B. Körner, Saaten oder Schrote) zu verquellen. Zu diesem Zweck werden die Zutaten mit kochendem Wasser vermischt und quellen dann mehrere Stunden (ein Brühstück kann man ausgekühlt problemlos bis zu 24 Stunden im Kühlschrank aufbewahren).
Mit dem gesonderten Quellvorgang wird dem Teig durch die Zutaten kein Wasser entzogen. Das Gebäck bleibt länger frisch.

EINSCHLAGEN (RUND)

So nennt man das schonende In-Form-bringen des Teiglings. Dabei bleiben die Gärgase weitgehend erhalten und die Porung wird unregelmäßig. Bei mediterranen Broten ist das z. B. typisch und erwünscht.
Der Teigling wird gestrafft, indem man mit den Fingern von einer Seite einen Lappen zur Mitte zieht und leicht andrückt. Dieser Vorgang wird rundherum so oft durchgeführt (5 bis 6-mal), bis ein Teigball mit einer glatten Seite entstanden ist. Im Prinzip funktioniert es wie beim Dehnen und Falten, nur dass der Teig nicht mehr langgezogen, sondern nur eingeschlagen wird. Am Ende setzt man den Teigling mit dem Schluss nach unten auf das Blech, Bäckerleinen oder in einen Gärkorb.

GARE / GEHZEIT

Die Gare beschreibt die Zeit zwischen der Teigbereitung und dem Backen.
In dieser Phase ruht und geht der Teig. Die Gare ist in verschiedene Abschnitte eingeteilt. Dazu zählen u. a. die Stockgare und die Stückgare.

- **Stockgare (Teigruhe)**
  Die Stockgare bezeichnet die Gärphase des kompletten, ungeformten Teiges nach dem Kneten und vor dem Aufarbeiten. Der Teig reift, die Mehlbestandteile verquellen, Hefen und Sauerteigbakterien sind der Temperatur entsprechend aktiv.
  Die Stockgare kann warm (20–28 °C) oder kühl (6–8 °C) mit unterschiedlicher Dauer und der Ausbildung unterschiedlicher Aromen erfolgen.
- **Stückgare (Endgare)**
  Die Stückgare ist die letzte Ruhe- und Reifephase vor dem Backen. Abhängig von der Dauer der Stückgare entwickeln sich Ofentrieb und Krumenstruktur.
  Die Stückgare wird entweder mit Schluss nach unten oder mit Schluss nach oben durchgeführt. Die Gartemperatur sollte idealerweise höher sein als bei der Stockgare.

Kaum jemand hat in seinem Kühlschrank Platz für eine große Teigschüssel oder ein Backblech mit Teiglingen, auch ich nicht. Für eine warme und kühle Gare (Teigruhe) nutze ich deshalb die unterschiedlichen Jahreszeiten, Tag und Nacht Sonnen- oder Ofenwärme, bzw. einen kühlen Keller und günstige Plätze drinnen wie draußen.

- **Übergare**
  Bei der Übergare hat ein Teigling die Gehzeit überschritten. Das maximale Volumen war bereits erreicht, die Hefen haben keine Nahrung mehr, das Teiggerüst ist geschwächt. Eine kleine Erschütterung oder Berührung kann genügen, um den Teigling einfallen zu lassen.
  Beim Backen wird das Brot flach und trocken.

ENTGASEN, AUSSTOSSEN, ABSCHLAGEN

Während oder nach der Stockgare wird der Teig entweder mehrmals mit der Faust abgeschlagen/eingedrückt oder kurz kräftig durchgeknetet. Ziel ist das Entgasen und Straffen des Teiges. Dabei wird einerseits das Gärgas Kohlenstoffdioxid gegen Luftsauerstoff ausgetauscht, der für die Vermehrung der Hefen benötigt wird. Andererseits verteilen sich die Gasbläschen gleichmäßiger im Teig – eine Grundvoraussetzung für eine gleichmäßige Porung im Brot.

KNETEN / ÜBERKNETEN

Das Überkneten (Abbauphase) beschreibt das Kollabieren des Teiggerüstes durch zu langes bzw. intensives Kneten. Überknetete Teige werden wieder weicher, klebriger und strukturloser als in einer früheren Phase des Knetprozesses. Die Teigoberfläche beginnt feucht zu glänzen. Zur Überknetung neigen vor allem Dinkelteige und mit Roggen versetzte Weizenteige. Aber auch Roggenteige und mit Vorteigen oder Sauerteigen kombinierte Weizen- bzw. Dinkelteige tendieren bei zu starker Beanspruchung oder Erwärmung zum Überkneten. Überknetete Teige können ihr ursprüngliches Teiggerüst nicht mehr wiedererlangen.

KOCHSTÜCK

Das Kochstück ist ein Nullteig. Als Kochstück werden alle Zubereitungen bezeichnet, die durch Aufkochen von Getreideerzeugnisprodukten oder anderen Lebensmitteln hergestellt werden und in Backwaren zum Einsatz kommen. Dazu gehören beispielsweise weich gekochte Getreidekörner, Mehlkochstücke oder Schrotkochstücke. Auch ein Grießbrei wäre aus backtechnologischer Sicht ein Kochstück.
Im Unterschied zum Brühstück ist das Kochstück nicht mehr enzymaktiv, da durch die Temperatur von ca. 100 °C alle getreideeigenen Enzyme denaturieren.

KRUME

Die Krume ist das lockere und elastische Innere eines Brotes, das von der Kruste umgeben wird. Von der Krume hängt der Nährwert des Brotes ab.
Geschmack und Geruch der Brotkrume werden nicht nur durch die Zutaten beeinflusst.
Die Eigenschaften der Brotkrume (Struktur, Elastizität, Geschmack, Geruch) sind u. a. abhängig vom Wassergehalt, von den Zutaten, von der Teigführung und der Teigaufarbeitung.

KRUSTE / BROTKRUSTE / RINDE

Der äußere, feste Teil des Brotes, der die Krume umgibt.
Die Brotkruste entsteht durch Wasserentzug und wird durch komplexe Vorgänge beim Backen gebräunt.
Die Kruste ist die Schutzhülle der Krume und hat entscheidenden Einfluss auf die Aromabildung. Die Aromastoffe, die in der Kruste entstehen, ziehen während der Auskühlphase des Brotes durch die gesamte Brotkrume.
Mit Glanzstreichen kann die Kruste nach dem Backen versiegelt und das Brot haltbarer gemacht werden.

MEHLTYPE

Die Mehltype gibt die Menge an Mineralstoffen im Mehl in Milligramm an, die beim Verbrennen von 100 g Mehl übrigbleiben (siehe Typisierung von Mehl). Ein Mehl der Type 550 enthält im Durchschnitt 550 mg Mineralstoffe (Asche). Je höher die Typenzahl, desto höher der Mineralstoffgehalt. Vollkornmehl und Vollkornschrot werden in Deutschland nicht typisiert, da in ihnen die maximale Mineralstoffmenge enthalten ist. Backschrote enthalten dagegen weniger Mineralstoffe und werden deshalb typisiert, da der Keimling entfernt wurde (Weizenbackschrot Type 1700, Roggenbackschrot Type 1800).

QUELLSTÜCK

Das Quellstück gehört zur Gruppe der Nullteige innerhalb der Vorstufen. Es dient der Verquellung gröberer Brotbestandteile (z. B. Körner, Saaten, Schrote), um den Kaueindruck und die Frischhaltung zu verbessern (siehe auch Brühstück und Kochstück).
Für ein Quellstück werden die festen Bestandteile im Verhältnis von ca. 1:1 bis 1:2 mit 10–30 °C warmen Wasser vermischt und 4–20 Stunden quellen gelassen. Eine noch optimalere

und im Hobbybäckerbetrieb zeitlich passendere Variante ist das Verquellen über 8–12 Stunden bei 6–8 °C im Kühlschrank. Um enzymatischen Abbau und Fremdgärung zu verhindern, kann die Salzmenge des Hauptteiges mit in das Quellstück eingerührt werden.

SCHLUSS / TEIGSCHLUSS

Der Schluss ist die Nahtstelle, die entsteht, wenn der Teig in Form gebracht wird (z. B. Rundwirken, Langwirken). Auf einer Seite des Teiglings entsteht dabei eine glatte Oberfläche, auf der gegenüberliegenden Seite entsteht der Schluss.
Teiglinge können zur sich anschließenden Stückgare mit Schluss nach oben oder nach unten auf Gare gestellt werden. Backen mit Schluss nach oben (Gare mit Schluss nach unten) bewirkt eine rustikal aufgerissene Kruste. Beim Backen mit Schluss nach unten (Gare mit Schluss nach oben) entsteht entweder eine sehr glatte Kruste oder die Kruste reißt an Einschnitten gezielt auf.

SCHLEIFEN / RUNDSCHLEIFEN

Der Begriff „schleifen" wird für das Rundmachen von Brötchenteiglingen verwendet. Dabei wird die hohle Hand über den Teigling gesetzt. Die Handinnenfläche liegt auf dem Teigling, der Handballen und die Finger berühren die Arbeitsfläche. Durch kreisende Bewegungen mit ausreichend nach unten gerichtetem Druck wird der Teigling zunehmend gestrafft und glatt.
Voraussetzung für das Rundschleifen ist ausreichend Reibung zwischen Arbeitsfläche und Teigling. Rutscht der Teigling über die Arbeitsfläche, hilft es, sie mit sehr wenig Wasser einzureiben.

TEIGFÜHRUNG DIREKT UND INDIREKT

Bei der indirekten Teigführung werden die Zutaten im Gegensatz zur direkten Führung nicht in einem, sondern in mehreren Arbeitsschritten zum Teig bereitet. Insbesondere werden Quell- oder Gärungsvorgänge in Vorstufen verlagert. Diese Vorstufen werden später im Hauptteig eingearbeitet.
Ziel der Vorstufen ist es, Teig- und Backwareneigenschaften positiv zu verändern. Zu den Vorstufen zählen sowohl Nullteige (Teige ohne Triebmittel wie Quellstücke, Brühstücke, Kochstücke) als auch Teige mit Zusatz von Mikroorganismen (Vorteige, Sauerteige).

WIRKEN (LANGWIRKEN / RUNDWIRKEN)

Als Wirken wird das Formen des Teiges bezeichnet. Es wird zwischen dem Rundwirken (Rundmachen) und dem Langwirken (Langmachen) unterschieden. Daneben gibt es unzählige weitere Möglichkeiten, einem Teig durch Wirken eine bestimmte Form zu geben. Das Rundwirken ist die Grundlage fast aller Brotformen. Dadurch wird eine gleichmäßige Teigspannung, eine gleichmäßigere Verteilung der Poren und eine homogenere Krume sowie eine glatte Oberfläche, besserer Teigstand und ein größeres Volumen erreicht. Außerdem werden Mehlanhaftungen oder angetrocknete Teiglingsoberflächen eingearbeitet und größere Gasblasen ausgewirkt. Der rundgewirkte Teigling kann nach einer kurzen Ruhephase von 5–15 Minuten in seine endgültige Form gebracht werden. Verfügt der Teig bereits über reichlich Gärgas, ist es üblich, das Gas vor dem Rundwirken auszustoßen.

Alphabetisches REZEPTREGISTER

A

B

D

E

F

G

H

J

K

L

M

N

O

P

R

S

V

W

Z

DANKESWORTE

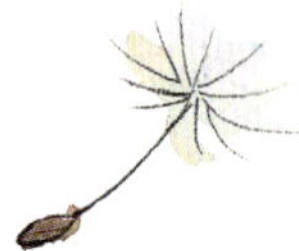

DANKESWORTE RICHTE ICH AN

MEINE FAMILIE – die ihr all meine kulinarischen Experimente unterstützt und (meist) mit Genuss verspeist und ganz speziell an Anja für deine Hände im Brotteig und wo sie sonst zum Helfen gebraucht wurden

ANNALENA – für deine wunderschönen Illustrationen im Buch

ANNEMARIE – für dein immer offenes Ohr und das Mitdenken bei meinen Texten

ROSI, SUSANNE UND MANUELA – für euer kompetentes Feedback zu meinen Ideen und Rezepten

HUBERMÜHLE, OBERLINDHART – für das viele Mehl und alle weiteren Zutaten, mit denen die köstlichen Brote gebacken wurden

GARTENBAU UND FLORISTIK BUCHNER, MALLERSDORF-PFAFFENBERG – ihr seid nicht nur für dieses Buch meine erste Adresse für aromatisches und frisches Obst und Gemüse aus eigenem oder regionalem Anbau

LUTZ – für die im Almkurs neu erschlossenen Brotgalaxien und alles in deinem Plötzblog geteilte Wissen rund ums Brot

ALLE WEGBEGLEITERINNEN UND -BEGLEITER – ihr habt auf unterschiedliche Weise dazu beigetragen, dass dieses Buch entstehen konnte

HANS MAURER, KASPARZELL – für den wunderbaren Holzbackofen, den du für mich maßgeschneidert in unseren Garten gebaut hast. Mit deinem Ofen kam auch der Brotbackvirus, und so hat alles angefangen … (holzbackofen-maurer.de)